D1751918

Моей милой жене Тессе и эксцентричному мопсу Бенни — двум существам на белом свете, которые знают меня настоящего и любят, несмотря на это

JEFF SANDERS

THE 5 AM MIRACLE

Dominate Your Day
Before Breakfast

Ulysses Press

ДЖЕФФ САНДЕРС

ДОБРОЕ УТРО КАЖДЫЙ ДЕНЬ

Как рано вставать и все успевать

Перевод с английского

АЛЬПИНА
ПАБЛИШЕР

Москва
2017

УДК 159.947.3
ББК 88.252.2-8
С18

Переводчик Т. Мамедова
Редактор О. Кропоткина

Сандерс Д.
С18 Доброе утро каждый день: Как рано вставать и все успевать / Джефф Сандерс ; Пер. с англ. — М. : Альпина Паблишер, 2017. — 190 с.

ISBN 978-5-9614-5903-6

По статистике, 40% людей считают себя «совами» и только 25% — «жаворонками». При этом раннее утро, согласно современной науке, идеальное время для творческой работы, уединения и сосредоточения, фитнеса и даже для занятия сексом! Если вы всю жизнь думали, что вы «сова» и с трудом вставали по утрам, эта книга полностью изменит вашу жизнь. Она поможет вам просыпаться рано с удовольствием. Вы позабудете о кнопке «дремать» на будильнике и вскоре поймете, что ранний подъем — это самый щедрый подарок, который вы себе сделали. Джефф Сандерс написал простое в использовании руководство, которое поможет вам отличить важное от второстепенного, больше успевать и в результате достичь самых амбициозных целей. Вы также найдете здесь рекомендации, как избежать распространенных ловушек и ошибок. Простая привычка рано вставать позволит вам получать больше удовольствия от жизни и уверенности в себе.

Книга будет полезна всем тем, кто хочет бодро вставать по утрам и быть энергичным и продуктивным каждый день.

УДК 159.947.3
ББК 88.252.2-8

Все права защищены. Никакая часть этой книги не может быть воспроизведена в какой бы то ни было форме и какими бы то ни было средствами, включая размещение в сети интернет и в корпоративных сетях, а также запись в память ЭВМ для частного или публичного использования, без письменного разрешения владельца авторских прав. По вопросу организации доступа к электронной библиотеке издательства обращайтесь по адресу mylib@alpina.ru

ISBN 978-5-9614-5903-6 (рус.)
ISBN 978-1-61243-500-8 (англ.)

© Jeff Sanders, 2015
© Издание на русском языке, перевод, оформление.
ООО «Альпина Паблишер», 2017

Содержание

Часть I
Чудо раннего утра ... 9

Введение
Как я стал рано вставать на пробежку, или Двойной «пинок под зад» ... 11

Глава 1
Чудо пяти утра ... 13
Впечатляющие положительные изменения благодаря чуду раннего утра ... 15
Найдите собственные пять утра ... 16
Вы готовы победить свой день еще до завтрака? ... 17
Четыре обязательства ... 18
Как читать эту книгу ... 19
Небольшое замечание об ожиданиях и инновациях ... 19
Резюме. Как победить свой день еще до завтрака ... 22
План действий к главе 1 ... 22

Глава 2
На пути к величию ... 23
Комфорт как враг великих целей ... 24
10 веских причин для раннего подъема ... 28
Резюме. Почему рано вставать так здорово ... 36
План действий к главе 2 ... 36

Глава 3
Радостно вскакиваем с кровати ... 39
Семь шагов на пути из «сов» в «жаворонки» ... 40

Быстрый и грубый метод 45
Я встал — и что теперь? 49
Резюме. Из «жаворонка» в «совы» 51
План действий к главе 3 51

Часть II
Стратегия раннего утра 53

Глава 4
Закладываем основы 55
Путеводная карта успеха 55
Самая лучшая и продвинутая версия вас 57
Семь шагов к экстраординарной продуктивности 58
Шаг 1: Определите главные цели в вашей жизни 62
Резюме. Стратегия раннего утра и главные цели 65
План действий к главе 4 66

Глава 5
Забудьте о целях на год 69
Почему долгосрочное планирование не работает 70
Что важнее прямо сейчас 72
Шаг 2: Квартальная система 73
Резюме. Ваша Квартальная система 83
План действий к главе 5 84

Глава 6
Мощные привычки на всю жизнь 87
Привычки и Квартальная система 88
Шаг 3: Опорные и сопутствующие привычки 89
Подчиняем ежедневные действия главным целям ... 96
Резюме. Опорные и сопутствующие привычки 97
План действий к главе 6 97

Глава 7
Составьте идеальный распорядок на утро и вечер ... 101
Шаг 4: Идеальный режим 102
Четыре типа утреннего распорядка 109

Создайте идеальный утренний распорядок 111
Резюме. Составьте идеальный утренний распорядок 117
План действий к главе 7 118

Глава 8
Небывалая продуктивность 121
Шаг 5: Принципы повышения продуктивности 122
Объединяем все методы 133
Резюме. Принципы повышения продуктивности 135
План действий к главе 8 136

Глава 9
Показатели прогресса 139
Шаг 6: Контролируем решительный прогресс 140
Ежедневный контроль 141
Еженедельный контроль 143
Ежемесячный контроль 147
Ежеквартальный контроль 149
Годовой контроль 151
Резюме. Контролируем решительный прогресс 153
План действий к главе 9 153

Глава 10
Уровень профи 157
Шаг 7: Продвинутые методы 158
Резюме. Продвинутые методы 167
План действий к главе 10 167

Часть III
Стратегия раннего утра: план действий 169

Глава 11
Тридцатидневный план действий 171
Тридцатидневный план для применения всех методов 172
Обзор всего и сразу. Чудо раннего утра в трех шагах 179
Резюме. Тридцатидневный план действий 181
План действий к главе 11 181

Глава 12
Время для смелых действий 183
    Список амбициозных действий 185

Список источников и основной литературы 187

ЧАСТЬ I

ЧУДО РАННЕГО УТРА

Введение

Как я стал рано вставать на пробежку, или Двойной «пинок под зад»

> …И разверзлись небеса, и сказал Господь: «Да свершится чудо раннего утра, чтобы люди радостно вскакивали с кровати и побеждали свой день, и да не помешает им кнопка "Дремать"».
>
> *Библия фаната продуктивности*

Несколько лет назад я готовился к марафону. В то время я работал на полный день консультантом по карьере, а еще развивал дополнительный бизнес как коуч по продуктивности и автор подкаста. С каждым днем мне было все труднее находить время для ежедневной пробежки. Более того, я начал так часто пропускать тренировки, что в итоге у меня осталась одна длинная пробежка утром по субботам.

Любой тренер по марафонскому бегу скажет вам, что длинная пробежка — самая важная. Но, как и в случае с большинством прекрасных привычек, *последовательные усилия важнее отдельных спорадических действий*. Это означает, что лучше пять-шесть раз в неделю пробегать по несколько километров, чем импульсивно возлагать все марафонские мечты и надежды на одно долгое и тяжелое испытание.

Мне требовался новый план. Если я хотел бегать почти каждый будний день, выделяя достаточно времени для этой важнейшей цели, реалистичных вариантов оставалось очень мало: я мог бегать перед работой, во время рабочего дня или после него.

Завести привычку бегать во время рабочего дня я точно не мог, потому что мой перерыв на обед длился всего полчаса. Если мы лично знакомы, то вы знаете, что я очень люблю поесть и делаю это часто и помногу. Вариант пропускать обед мне никак не подходил. Кроме того, тренировка в середине дня вызывала сложности, которые возникают у большинства людей, работающих на полную ставку (нет спортивного зала или душа, надо носить с собой спортивную форму, приходится втискивать тренировку между деловыми встречами, нужно уговаривать начальника на более долгий перерыв и т. п.). Хотя теоретически все это можно считать отговорками, для меня это были настоящие препятствия, которые требовали настоящих решений.

Бег после работы представлялся лучшим вариантом, но что-то все время мешало. Я постоянно планировал сходить в ближайший парк или спортивный клуб вечером, надеясь, что смена обстановки поможет выполнить план. Но как бы я не переиначивал вечерний распорядок, тренироваться после долгого дня в офисе оказалось так же сложно, как пробежать сам марафон!

Поскольку варианты закончились, я обратился к сценарию, оставленному на крайний случай: вставать раньше, чтобы тренироваться до работы. Знаю — это звучит ужасно.

В то время я ни за что не назвал бы себя «жаворонком». У меня была жуткая привычка вставать в самый последний момент и до этого как минимум дважды нажимать кнопку «Дремать». Я отказывался улыбаться, пока у меня в руке не оказывалась чашка с горячим кофе.

Идея вставать рано и бегать казалась мне «двойным пинком под зад». Кто по доброй воле соглашается на такие вещи, да еще и на две сразу?

Однако вскоре я обнаружил, что *обязательство вставать рано для работы над главными целями — самое лучшее профессиональное и личное решение, которое я принял за многие годы, а возможно, и за всю жизнь.*

Глава 1

Чудо пяти утра

Что значит «победить свой день до завтрака»

> Чу́до — сущ., удивительное и приятное событие, которое нельзя объяснить законами природы и которое связывают со сверхъестественными силами; крайне маловероятное или экстраординарное событие, явление или достижение[1].

Добро пожаловать на страницы книги «Доброе утро каждый день». Меня зовут Джефф Сандерс, и моя цель — рассказать вам, как победить ваш день еще до завтрака. Как и мой подкаст, который называется «Чудо пяти утра» (*The 5 AM Miracle*), эта книга поможет вам радостно вскакивать с кровати, развивать полезные привычки на всю жизнь и добиваться грандиозных целей с небывалой энергией.

Здесь я буду обсуждать преимущества раннего утра и подробно описывать такие вещи, как здоровые привычки, личностный рост и невероятная продуктивность.

Я начал выпускать свой подкаст благодаря одному ключевому правилу, которое произвело революцию в моей жизни, — *рано вставать по доброй воле*. Эта единственная привычка заложила основу для всего, что я делаю. За прошедшие годы я много раз объяснял, что такое «чудо раннего утра», и старался его описать.

---

[1] Определение «miracle» дано по Oxford Dictionaries, http://www.oxford-dictionaries.com/us/definition/american_english/miracle.

На своем опыте я убедился, что ранние подъемы приносят в жизнь массу чудесных изменений, и, чтобы дать четкое определение, пришлось хорошо покопаться в себе.

Для этой книги и ради большей ясности я сформулировал такое определение: это *победа над вашим днем еще до завтрака, которую вы одержите, радостно вскакивая с кровати ранним утром, чтобы добиться значительного прогресса на пути к главным целям вашей жизни.*

Я встаю в пять утра и буду постоянно повторять и подчеркивать, что это фантастическое время дня — идеальный момент для пробуждения. Однако факт подъема в пять утра не впечатляет сам по себе, и, более того, это условное время, которое я выбрал для себя. Однако оно символизирует гораздо более впечатляющие и в конечном итоге чудесные вещи.

1. Пять утра — это пора, когда кругом спокойно, безмятежно и мирно. В ранние утренние часы вас почти ничего не отвлекает, птицы только начинают петь и жизнь течет в более медленном ритме. Для многих это единственное время дня, которое можно выделить для себя.

2. Пять утра — это символ контроля над собственной жизнью. Когда вы понимаете, что ваши жизнь и время только в ваших руках, это придает невероятно много сил и открывает изобилие возможностей. Мудро распоряжаясь минутами, вы можете достичь такого уровня самореализации, который доступен немногим.

3. Пять утра могут стать вашим самым драгоценным активом. Если вы бережете время и расставляете приоритеты, приводите тело в оптимальное состояние и развиваете разум, живете со смыслом и стремитесь к великим целям, то вы пожинаете плоды бесконечных преимуществ, которые дарит чудо раннего утра. *Вы осознанно и целеустремленно проживаете прекрасную жизнь и получаете за это награду в виде преображения.*

ВПЕЧАТЛЯЮЩИЕ ПОЛОЖИТЕЛЬНЫЕ ИЗМЕНЕНИЯ БЛАГОДАРЯ ЧУДУ РАННЕГО УТРА

У тех, кто переживает собственное чудо раннего утра, не бывает случайностей. Их жизнь осознанно распланирована на бумаге — на каждый день и без исключений. А значит, блага, которые они получают, тоже запланированы и удивительные результаты можно предвидеть и реализовать.

Я не могу гарантировать эффект, но могу утверждать, что бесчисленное множество людей, которые сознательно рано встают (и я в их числе) испытали на себе поразительные преимущества этого подхода. То же произойдет и с вами, если вы последуете плану, описанному в этой книге.

В зависимости от того, как вы решите распорядиться драгоценными утренними часами, в вашей жизни могут появиться следующие положительные изменения (и не только):

1. Существенный рост возобновляемой энергии.
2. Качественный крепкий сон.
3. Потеря веса и укрепление здоровья.
4. Устойчивое повышение ежедневной продуктивности.
5. Способность не поддаваться отвлекающим факторам, особенно тем, которые одолевают нас ближе к вечеру.
6. Хорошее настроение и позитивное отношение к повседневным делам.
7. Улучшенная физическая форма, больше силы и выносливости.
8. Способность добиваться феноменального прогресса в достижении самых важных целей.
9. Более ясное мышление и больше творческих идей, особенно ранним утром.
10. Способность контролировать и поддерживать здоровые и продуктивные привычки в долгосрочной перспективе.

НАЙДИТЕ СОБСТВЕННЫЕ ПЯТЬ УТРА

Прежде чем углубиться в тему этой книги, позволю себе прояснить один момент: хотя я, конечно, изо всех сил постараюсь убедить вас вставать в пять утра, *не обязательно просыпаться именно в это время.*

Итак, сделайте глубокий вдох и улыбнитесь!

Нигде в этой книге или в приведенных в ней планах я не потребую от вас вставать в пять, в шесть или в любое другое время до, в процессе или сразу после рассвета.

Вам предстоит выбрать собственное чудо раннего утра, которое может случиться в семь утра, восемь утра или, как это бывает с некоторыми студентами, в половину первого. Что вам подойдет, то и хорошо.

Цель этой книги — не убедить вас завести будильник на пять, но скорее открыть для себя изобилие возможностей, которые появляются, когда проживаешь каждый день целенаправленно. Ваше ежедневное чудо может случиться в любой момент, который вы выберете сами.

Во время работы над этой книгой я ездил в Новый Орлеан на свадьбу. Однажды утром друзья пробрались в мой гостиничный номер и сфотографировали, как я сплю, а будильник показывает 9.46 — это стало доказательством, что я не встаю в пять утра каждый день.

Они считают эту фотографию истерически смешной, но никого не должно удивлять, что я не поднимаюсь каждый день на заре словно робот. Если я поздно лег, то высыпаюсь. Если мне нужен дополнительный отдых, я обеспечиваю его себе. Если пять утра — не лучшее время для подъема, значит, ничего не поделать.

Наша задача — приближаться к поставленным целям, не больше и не меньше.

Важно спать столько, сколько требуется, и использовать все часы бодрствования для достижения главной цели.

ВЫ ГОТОВЫ ПОБЕДИТЬ СВОЙ ДЕНЬ ЕЩЕ ДО ЗАВТРАКА?

Не так давно у меня была замечательная беседа с успешным коучем по личностному росту. Ему понравились мой блог и подкаст, однако вот эта любимая фраза вызывала сомнения.

Он прямо и без обиняков сообщил, что слоган «Победите свой день еще до завтрака» кажется ему агрессивным и, возможно, отпугивает людей, которым могли бы пойти на пользу мои идеи. Честно говоря, я был несколько удивлен. Мне казалось, что мой слоган весьма вдохновляет и призывает сворачивать горы еще до начала рабочего дня.

Я надеюсь, что на этом этапе идея «победы над днем» не пугает вас, но скорее бодрит и готовит к приключению, которое ждет впереди. Когда я воображаю, как побеждаю свой день, то представляю себя за активной работой — я спокойно перехожу от одной важной задачи к другой и улыбаюсь при мысли о том, сколько замечательного я успеваю сделать.

И меня до сих пор поражает, что этот сценарий все время реализуется. Когда я следую Стратегии раннего утра (масштабной системе для достижения целей, о которой я расскажу в Главе 4), мои высокопродуктивные утренние ритуалы легко переходят в высокопродуктивный день, и я чувствую себя на вершине мира.

Более того, эту книгу я в основном написал именно ранним утром благодаря чудесному утреннему распорядку. Я вскакивал с кровати в пять утра, набрасывался на утренние приоритеты и в шесть утра уже писал — в кофейне, библиотеке или кабинете.

А лучше всего то, что, как следует поработав утром, я обычно могу расслабиться до конца дня. Это возможно, потому что, «побеждая день до завтрака», мы идем на определенные жертвы ради благ, которые будут доступны позже. Другими словами, если с утра хорошо (и с умом) поработать несколько часов над самыми важными задачами, то можно освободить себе время и голову, а также сократить стресс на остаток дня.

За несколько часов вы можете полностью переделать все дела, а потом пожинать плоды своих усилий, свободно выбирая, как пройдет его оставшаяся часть.

Если помнить об этом, утренняя победа без труда станет для вас нормой. И для нее хватит продуманного плана, причины просыпаться раньше остальных и по-настоящему важной цели. Все это позволит вам *с легкостью сделать утренний распорядок самой мощной движущей силой в вашей жизни*.

Вы можете использовать несколько драгоценных часов настолько продуктивно, что главные цели перестанут быть фантазиями, отложенными на неопределенное время. Напротив, они станут Квартальными задачами (с. 73), и впечатляющий ежедневный прогресс в работе над ними станет для вас естественным.

Вот чего я хочу для вас — и знаю, что это возможно.

ЧЕТЫРЕ ОБЯЗАТЕЛЬСТВА

Я хочу, чтобы, читая эту книгу, вы взяли на себя четыре обязательства. Эти обязательства заложат основу для вашего собственного чуда раннего утра.

1. У меня будет продуманный письменный план на каждый день.
2. Я буду последовательно развивать здоровые привычки, чтобы добиться оптимального уровня энергии и энтузиазма.
3. Я определю краткосрочные задачи, которые помогут мне добиться главных целей в своей жизни.
4. Я буду контролировать свой прогресс, вносить необходимые коррективы и отчитываться о происходящем.

Я знаю, что все это выглядит непросто. И действительно, четвертый пункт — скорее три в одном. Однако, как вы увидите в следующих главах, эти обязательства вскоре превратятся в привычки. И со временем вы сможете убедиться, что идеи станут вашей реальностью.

В долгосрочной перспективе успех зависит от хорошо подобранных и последовательных ежедневных действий. Дав эти четыре обязательства, вы начинаете улучшать сегодняшний день, а это несомненно приведет к завтрашнему успеху.

КАК ЧИТАТЬ ЭТУ КНИГУ

Я с жадностью глотаю книги и выделяю маркером все, что кажется мне важным, вдоль и поперек. Эта книга создана именно для такого чтения. Я хотел бы, чтобы вы мысленно разделили ее на части. Достаньте любимый маркер, обычную ручку или «умную ручку» для работы с гаджетами и приступайте!

В идеале в процессе чтения стоит составлять и обновлять список будущих действий, чтобы не забыть о прекрасных идеях, которые придут вам в голову. Я оставил место для списка в конце книги (с. 185), но вы можете делать заметки в любой удобной форме.

Еще в конце каждой главы я предлагаю конкретные шаги, выполнение которых будет очень полезно.

НЕБОЛЬШОЕ ЗАМЕЧАНИЕ ОБ ОЖИДАНИЯХ И ИННОВАЦИЯХ

Прежде всего, я написал эту книгу, чтобы она давала результаты, и суперинновации здесь не предусмотрены. Многие люди приступают к чтению, ожидая, что их сразят наповал откровениями, высеченными на каменных скрижалях. Уроки, стратегии и идеи, представленные здесь, нельзя назвать новыми в этом смысле (может быть, в следующей книге?).

Здесь я хочу поделиться набором методов, которые будут работать в обычной жизни. Эти идеи были воплощены на практике, проверены, подкорректированы и оптимизированы. Если вы ищете простую пошаговую систему, которая поможет взять хаос в вашей жизни под контроль, эта книга для вас. Если вы хотите быть продуктивнее, здоровее и счастливее, эта книга для вас. Если вы хотите просыпаться рано и побеждать свой день до завтрака, то эта книга определенно для вас.

Закончив работу над ней, я понял: у читателей может сложиться впечатление, что я встаю рано каждое утро, не делаю никаких ошибок и, словно супергерой, выжимаю максимум из любой свободной минуты. Увы, я просто обычный человек, который любит списки. Да, мне определенно нравится рано вставать и доводить дела до конца. Однако я не совершенен (моя жена это подтвердит) и ни в коем случае не хочу, чтобы вы сочли, что совершенство — и есть наша цель.

Путь к продуктивности — это бесконечное путешествие, во время которого надо каждое утро просыпаться и вновь принимать решение, что наступивший день важен для вас. Долгосрочный успех с книгой «Доброе утро каждый день» зависит от ежедневного выбора. Нужно снова и снова подтверждать свои главные цели и воспринимать каждый рассвет как возможность начать заново.

Но здорово, что ошибки, проблемы или промахи из прошлого вовсе не должны следовать за вами в завтрашнее утро. Когда в пять часов прокричит петух, вы сможете выбрать совершенно новое направление в жизни. Уверен, это вам понравится!

Как вы вскоре увидите, я люблю сжимать масштабные списки до коротких. Вот резюме всего содержания этой книги, разложенное на три простых шага. Если вы почувствуете, что начали паниковать, перегружены или не можете сконцентрироваться, вернитесь к этим трем шагам.

1. Планируйте: составляйте целенаправленный план до начала каждого дня.
2. Выполняйте: добивайтесь ощутимого прогресса на пути к главным целям, посвящая им специально выделенные блоки времени.

3. Контролируйте: каждую неделю подводите итоги всего сделанного и думайте, что будете делать дальше.

Планируйте, выполняйте и подводите итоги. Вот и все.

Мне уже не терпится получить от вас историю о том, как вашу жизнь изменило чудо раннего утра!

СЛОМАЙТЕ КНОПКУ «ДРЕМАТЬ»
Ловушки, ошибки и проблемы

Поспите завтра подольше.

В каждой главе есть раздел «*Сломайте кнопку "Дремать"*», где я описываю распространенные ловушки, ошибки и проблемы, которые вам придется обходить. В нем вы найдете несложные рекомендации, как не сойти с пути и избежать препятствий, уже повстречавшихся мне и другим людям.

Для начала разрешите мне дать вам самый важный совет: завтра не просыпайтесь в пять утра!

Не делайте этого.

Я знаю, что вам уже хочется, и знаю, как это соблазнительно, но пока стоит подождать.

Более того, если вы не привыкли рано вставать, то, проснувшись завтра в пять утра, вы, вероятно, возненавидите меня и никогда не дочитаете эту книгу.

Давайте поступим так, чтобы мы оба остались довольны. Пожалуйста, утром оставайтесь в кровати подольше и насладитесь сном во всем его великолепии, пока у вас есть такая возможность… (Слышите зловещую музыку на заднем плане?)

Ну ладно, не так все драматично. Если серьезно, ниже я предложу вам очень конкретный пошаговый план, с помощью которого вы сможете вставать рано, не обрекая себя на страдания, которые, возможно, предвидите.

Кроме того, я дам план для мазохистов, которые любят начинать с места в карьер и готовы к серьезным переменам.

В любом случае завтра у вас свободный день. Воспользуйтесь этим по максимуму.

РЕЗЮМЕ. КАК ПОБЕДИТЬ СВОЙ ДЕНЬ ЕЩЕ ДО ЗАВТРАКА

1. Чудо раннего утра — это *победа над вашим днем еще до завтрака*, которую вы одержите, радостно вскакивая с кровати ранним утром, чтобы добиться значительного прогресса на пути к главным целям вашей жизни.
2. Ранние подъемы обладают массой чудесных преимуществ — от повышенной продуктивности до умиротворенности, которую можно ощутить, пока никто еще не проснулся.
3. Чтобы создать собственное чудо раннего утра, не обязательно вставать в пять! Можно выбрать любое время, когда вам будет удобно проснуться, и одержать победу над наступившим днем.

ПЛАН ДЕЙСТВИЙ К ГЛАВЕ 1

1. Запишите четыре обязательства и разместите их так, чтобы они каждый день были у вас перед глазами:
   - У меня будет продуманный письменный план на каждый день.
   - Я буду последовательно развивать здоровые привычки, чтобы добиться оптимального уровня энергии и энтузиазма.
   - Я определю краткосрочные задачи, которые помогут мне добиться главных целей в своей жизни.
   - Я буду контролировать свой прогресс, вносить необходимые коррективы и отчитываться о происходящем.
2. Возьмите маркер и ручку — и приступайте!

Глава 2
На пути к величию
Готовность делать то, что подействует

> Я бы больше любил утро,
> если бы оно начиналось попозже
> *Гарфилд*[1]

Как и у многих студентов-«сов», у меня тоже было время, когда я бодрствовал в пять утра, только если продолжалось веселье, начатое прошлым вечером.

Даже закончив учебу и начав работать полный день, я все равно вставал рано, только если не было другой возможности. Я совершенно не любил раннее утро и не получал удовольствия от рассветов. Более того, я планировал свое время так, чтобы утро было как можно короче.

Если мне надо было выйти на работу в семь утра, я просыпался не раньше половины седьмого. Все эти полчаса я метался по дому, как при пожаре — запихивал еду в рот, одновременно одеваясь, и причесывался, выбегая из дверей.

С позиции меня нынешнего это было безумие — *абсолютное безумие*.

---

[1] Гарфилд — саркастичный кот, персонаж одноименной серии комиксов американского художника Джима Дэвиса, мультсериала и отдельных мультфильмов. (*Прим. пер.*)

Но почему я столько времени позволял себе так жить? Почему я упускал возможность просыпаться с целью и планом, а не только ради выживания?

В той точке, где я был, сегодня находятся многие люди. Их день начинается с безумия. Для них просыпаться в устроенном ими же хаосе — обычное дело.

На другом конце спектра находятся те, кто просыпается, не имея ни плана, ни энергии. По утрам они занимаются всякими пустяками, проверяют Facebook и просто теряют час за часом. Ничего таким образом не добившись, они приезжают на работу почти без желания действовать.

Я знаю, что такие люди существуют, потому что были времена, когда я сам принадлежал к их числу. Попасть в эту ловушку и каждый день просыпаться без чувства цели, смысла и направления очень легко.

Крайне досадно наблюдать, сколько потенциала пропадает впустую во мне и других, ведь эту проблему можно решить с помощью простых стратегий. Если ваше утро представляет собой безумную битву или просто потерю нескольких часов, значит, что-то идет не так.

Можно поступать лучше — гораздо лучше.

КОМФОРТ КАК ВРАГ ВЕЛИКИХ ЦЕЛЕЙ

Представляя свою идеальную жизнь, я обычно использую для ее описания одни и те же слова: амбиции, успех, процветание и величие.

Может быть, меня зомбировали сотни книг по личностному росту, которые я прочел за многие годы, а может, за этим кроется нечто глубокое.

Я долго и активно искал способ закрыть брешь между моим потенциалом и текущей ситуацией, пытаясь достичь великих целей. Будучи фанатом личностного роста, я обнаружил, что величие, как и успех, — благородная цель, к которой достойно стремиться.

С годами мне стало ясно, что простые повседневные привычки (например, ранний подъем или пробежка) — это основа, которая позволяет добиться великих целей. Проблема в том, что далеко не во всякий день я активно стараюсь к ним приблизиться. Вместо этого я ищу поблизости самое удобное место, где можно отдохнуть. Комфорт вызывает привыкание. Его легко получить, и он окружает нас повсюду. Все, что нам продают и предлагают, все, чем нас заманивают, — это инструменты, гаджеты и прибамбасы, которые должны сделать нашу жизнь легче.

Этого ли вы хотите?

Вы правда мечтаете, чтобы ваша жизнь была легче и комфортнее? Или хотите сделать ее более осмысленной и достичь настоящего величия?

Для личных целей я определяю величие как *активное движение к реализации потенциала*. Это не окончательное положение и не итоговая цель. Это процесс, непрерывное сражение, ежедневный бой.

Чтобы достичь величия, надо каждый день без исключения становиться самой лучшей и продвинутой версией себя. И важно здесь не как вас воспринимают другие, но как вы решаете проживать свою жизнь каждым утром на рассвете и как воплощаете это решение в течение всего дня.

Эрл Найтингейл, который положил начало современному движению личностного роста, определял успех как «прогресс в воплощении достойного идеала». Другими словами, если вы активно и последовательно работаете над вдохновляющими и непростыми целями, которые помогают реализовать ваш потенциал, то вы успешны, а значит, в вашей жизни есть величие.

В одном из эпизодов моего подкаста я позаимствовал блестящую мысль у Даррена Харди, издателя журнала *SUCCESS*, и рассказал, что *способность сосредоточиться*, возможно, является самым важным навыком в XXI в. Также я объяснил, почему отвлекающие факторы сильнее всего мешают развитию этого навыка.

В современном мире комфорт порой бывает самым главным отвлекающим фактором и врагом, который не даст добиться величия. Он, как ничто другое, заставляет сдаться, ослабить хватку или просто потерять концентрацию.

Естественные желания вашего мозга — это комфорт, традиции и постоянство, поэтому привычки могут стать автоматическими и приобрести такую силу. Чтобы преодолеть естественные тенденции и научиться избегать комфорта, нужно хорошо поработать. Комфорт не способствует росту, а, напротив, активно противодействует ему.

Есть жареную пищу, пить алкоголь, брать кредиты, не ложиться спать допоздна, смотреть телевизор и избегать общения, когда мы чувствуем себя неловко, — все это примеры естественного стремления выбрать легкую дорогу вместо верной.

У вас есть выбор. Альтернатива для этих примеров не так соблазнительна, и поэтому они настолько не привлекательны в краткосрочной перспективе, но могут привести к выдающимся результатам в течение нашей жизни.

- Можно заказать салат вместо жирного и жареного.
- Можно выбрать воду вместо алкоголя.
- Можно копить на будущее, а не брать деньги взаймы.
- Можно ложиться рано, а не бодрствовать допоздна.
- Можно не уклоняться от разговора, а вступить в интересный диалог.

Да, альтернативы нашим естественным склонностям не так обольстительны. Они не так удобны и требуют чуть больше усилий. Однако эти простые ежедневные изменения и приводят к монументальным сдвигам, если последовательно вводить их в течение какого-то времени. Именно они в результате приведут к величию.

У вас есть выбор. Можно ухватиться за эти возможности или стать жертвой такого доступного комфорта, который следует за вами, словно очаровательный щенок.

Чтобы достичь грандиозных целей и преодолеть противодействие комфорта, придется научиться принимать боль и сделаться до какой-то степени мазохистом.

Мазохизм — это «удовольствие от вещей, которые представляются болезненными или утомительными»[1]. Открывшись для мазохизма, вы признаете и даже начинаете ценить тяготы роста.

Со временем вы сможете победить стремление ориентироваться на комфорт, натренировав свои «мускулы мазохизма». Вы сможете буквально натренировать себя наслаждаться процессом роста, укрепляя решительность и превращаясь в более продвинутую и улучшенную версию себя.

Я не утверждаю, что вы станете человеком, которому нравится боль, однако вы сможете укрепить свою способность и готовность бороться даже в сложные времена, вместо того чтобы отступить или вообще сдаться.

Когда эти мускулы укрепятся, вы начнете делать больше и противостоять отвлекающему комфорту. Также можно повысить продуктивность и стать успешнее, если научиться копить энергию и вводить в свою жизнь системы, которые помогут делать тяжелую работу каждый день.

Чтобы натренировать «мускулы мазохизма», нужно приобрести несколько привычек. Именно маленькие вещи, которые вы каждый день делаете во многих областях жизни, приведут к значительному росту в долгосрочной перспективе.

В этой книге и особенно в «Стратегии раннего утра» (с. 53) я буду призывать вас подталкивать себя к большему. У вас будет масса возможностей, чтобы сформировать новые привычки, начать новые проекты и взять на вооружение новое отношение к жизни — и все это укрепит ваши «мускулы мазохизма».

В контексте ранних подъемов тенденция очевидна: начав рано вставать, вы будете испытывать страдания. Не буду говорить вам, что это легко. Более того, вероятно, вы захотите все бросить.

Не делайте этого.

---

[1] Определение «masochism» дано по Oxford Dictionaries, http://www.oxforddictionaries.com/us/definition/american_english/masochism?q=Masochism.

Сегодня может быть больно, но в будущем дискомфорт пройдет, потому что мускулы станут сильнее, мощнее и выносливее.

Это вполне реалистичный проект, и в то же время пассивных попыток здесь недостаточно. Для значительных перемен нужны значительные вложения. Но есть и хорошие новости: этих перемен можно достичь медленно, со временем, и благодаря этой книге и моему подкасту я буду рядом с вами в течение всего пути.

10 ВЕСКИХ ПРИЧИН ДЛЯ РАННЕГО ПОДЪЕМА

Вставать рано — это прекрасно, и есть масса отличных причин, по которым стоит завести будильник на пять утра. Если вы еще не можете решиться, вот список, способный окончательно вас убедить.

1. БОЛЬШЕ ВРЕМЕНИ, ЧТОБЫ СОСТАВИТЬ ПЛАН НА ДЕНЬ И ЭФФЕКТИВНО ЕГО ВОПЛОТИТЬ

Из всех причин для раннего подъема в первый день эта будет, наверное, самой подходящей. Если вы встанете хотя бы на 15 минут раньше обычного и используете это время, чтобы распланировать свой день, то уже войдете в режим победителя.

Когда те, кто встает поздно, вываливаются из кровати в последнюю минуту и мечутся в поисках зубных щеток и портфелей (интересно, кто-нибудь еще ходит с портфелем?), вы уже составили точный письменный план на предстоящий день. Вы заранее знаете, что выбросить, а что оставить. Вы знаете, когда у вас запланированы встречи и деловые визиты и какие ресурсы вам понадобятся. Вы знаете, в каком порядке должны идти события дня, потому что составили оптимальное расписание и обновили список задач.

Написать продуманный план на день с правильно расставленными приоритетами — это наше все. Распределение времени — главная стратегия, которая приведет вас к собственному чуду раннего утра, и важнейший элемент в этой книге, определяющий разницу между успехом и неудачей.

Если вы еще не написали план, выделите маркером последний абзац.

Потому что он не простой, а золотой!

2. ЛУЧШЕЕ ВРЕМЯ, ЧТОБЫ ПОБЫТЬ В ТИШИНЕ

Ранние утренние часы — вероятно, единственное время в течение всего дня, которое можно выделить для себя. Так обстоит дело у многих людей. Время между пятью часами утра и моментом, когда поднимаются остальные члены семьи, невероятно важно. Это ваш шанс насладиться драгоценными моментами и заняться вещами, которыми позже легко пренебречь из-за разных хлопот.

Что бы вы ни выбрали — чтение, медитацию, молитву, йогу или любое другое тихое занятие — насладитесь этим по максимуму. Зажгите свечу, включите фоновую музыку или просто посидите в тишине.

Годами я отказывался медитировать, потому что считал себя слишком суетливым для этого. Но за последние несколько лет я обнаружил, что некоторое время в тишине позволяет собраться с мыслями, снизить стресс и сохранять душевное спокойствие. Даже если вы, подобно мне, считаете себя фанатом продуктивности и «личностью типа А»[1], если вы упорно добиваетесь амбициозных целей, не пренебрегайте возможностью сбавить темпы хотя бы на несколько минут — это пойдет вам на пользу.

3. БОЛЕЕ КАЧЕСТВЕННЫЙ И КРЕПКИЙ СОН

Когда вы начнете постоянно просыпаться в одно и то же время, у вас не останется других вариантов, кроме как ложиться спать в одно и то же время, чтобы получить необходимый объем сна.

---

[1] «Личность типа А» отличается честолюбием, внутренним напряжением, агрессивностью, высокой мотивированностью. Термин ввели американские кардиологи Р. Розенман и М. Фридман, описывая тип людей, склонных к ишемической болезни сердца. (*Прим. пер.*)

Одним из дополнительных эффектов от такого перехода будет то, что сон, вероятно, улучшится.

На качество сна влияют разные факторы, но постоянство — один из самых важных. Когда я начал рано просыпаться, ранний отбой автоматически стал приоритетом, и в результате я был вынужден сделать приоритетом и более раннее завершение работы, а это потребовало целеустремленной и эффективной работы в течение всего дня. Видите, какой принцип здесь работает? Если вы установите для себя хотя бы одну четкую временную границу, это может оказать резонансный эффект на все остальные ваши решения.

Чтобы спать лучше, прежде всего необходимы последовательность и подготовка.

Если вы знаете, что необходимо быть в постели в определенное время, вы начнете к этому готовиться, а значит, ваши тело и душа настроятся на отдых.

4. БОЛЬШЕ ЭНЕРГИИ И ОПТИМИЗМА

Я знаю многих людей (кхе-кхе, например, себя), которые не слишком здорово выглядят по утрам. Мои волосы всклокочены, к ресницам прилипла странная слизь, изо рта ужасно пахнет — в общем, очевидно, что я не из тех людей, которые родились со способностью вскакивать с кровати с широкой улыбкой на лице.

Когда-то я просыпался в таком состоянии каждый день, но теперь это случается редко. Услышав звонок будильника, я буквально вскакиваю с кровати и с энтузиазмом приступаю к утреннему распорядку. И это не было запрограммировано генетически. *Я таким не родился.* Все дело в привычках, системах и личном выборе.

Я готов повторять эту мысль снова и снова: *лучший утренний распорядок прежде всего придает вам энергии,* потому что это основа для продуктивности. Энергия — естественный побочный продукт отличного здоровья, и это прекрасно!

Возможно, во мне говорит бойкая «личность типа А» и любитель эспрессо, но я не понимаю, зачем чувствовать себя усталым, когда можно быть бодрым? Зачем лежать на диване, когда можно бегать на свежем воздухе? Зачем сознательно сдерживать себя, когда вы знаете, что топливом для движения вперед станет именно возобновляемая энергия?

Мы подробнее обсудим эту тему в Главе 7, но сейчас просто отметьте для себя, что, если вы хотите заполнить свое утро радостью и оптимизмом, это реально. Вы можете сделать для себя такой выбор, и он определенно стоит усилий.

5. ВЫШЕ КОНЦЕНТРАЦИЯ ВНИМАНИЯ

Если, просыпаясь на рассвете, вы будете единственным бодрствующим человеком в доме, для вас откроется прекрасная возможность. Одно из главнейших преимуществ, которые дает ранний подъем, — гарантированное отсутствие шума и помех. Между вами и вашей целью ничего не стоит. Отвлекающих факторов нет, если вы не создадите их сами.

Многие люди начинают день с телевизора. Они просыпаются и сразу же включают утреннее ток-шоу, новости, мультфильмы или повтор вечерней юмористической программы, которую пропустили.

Если ваша цель — сосредоточенность и движение к целям, такие отвлекающие факторы необходимо отбросить. Феноменальное преимущество сосредоточенности состоит в том, что она доступна всегда, если вы сами не решите от нее отказаться. Чтобы сконцентрироваться, надо отбросить все, кроме одной-единственной вещи, которая имеет самое большое значение. Возьмите на вооружение простой утренний ритуал, и вы сможете пользоваться этим преимуществом снова и снова.

6. ЛУЧШЕ РАБОТАЕТ МОЗГ — В ГОЛОВЕ ПРОЯСНЯЕТСЯ, ТВОРЧЕСКИЙ ПОТЕНЦИАЛ РАСТЕТ

Вы когда-нибудь пытались сделать что-нибудь действительно важное поздно ночью? И что у вас получилось? Если мы с вами хоть в чем-то похожи, то ночью вам очень трудно соображать. Если мозг устал, ясно мыслить трудно и даже больно.

Годы проб и ошибок подтвердили, что я мыслю яснее всего в первую половину дня, а не во вторую. Это справедливо для всех. Сила воли — конечный ресурс, который возобновляется во время сна, — об этом пишет Келли Макгонигал в своей книге «Сила воли». В течение дня ресурсы дисциплины и желание работать постепенно сокращаются. В результате даже для простых заданий нам требуются серьезные усилия.

Если вы хотите воспользоваться преимуществами естественных циклов, которые уже действуют для вашего мозга, постарайтесь сделать свою лучшую работу рано утром. Необязательно прямо после пробуждения — просто не ждите, пока в барах начнется «счастливый час», чтобы начать писать свой следующий роман.

7. БОЛЕЕ ЗДОРОВОЕ И ПРИВЛЕКАТЕЛЬНОЕ ТЕЛО

Чаще всего я посвящаю утро либо важному проекту, либо здоровью. Если в пять утра я не читаю, не пишу и не заканчиваю срочный проект, значит, я пью зеленый смузи, выхожу на пробежку или вишу вниз головой в гравитационных ботинках.

Утренние часы — идеальное время для заботы о себе. Большинство людей выделяют лишь несколько минут для быстрого визита в спортзал или вообще не имеют на это времени. Но среди всех вещей, которые можно сделать в пять утра, здоровый завтрак и физические упражнения стоят на первом месте.

Ранние подъемы не станут волшебным решением, из-за которого вы автоматически похудеете, но тенденция однозначна: именно те, кто встает рано, обычно и занимаются физическими упражнениями. А те, кто ими занимается, обычно и питаются более правильно. Те же, кто правильно питается, как правило, сбрасывают лишний вес, а значит, приобретают больше уверенности и чувствуют себя привлекательнее.

Этот принцип сработал для меня и бесчисленного множества людей, а значит, он может подойти и вам.

8. УСТОЙЧИВОЕ ПОВЫШЕНИЕ ЕЖЕДНЕВНОЙ ПРОДУКТИВНОСТИ

У раннего пробуждения есть абсолютно замечательный остаточный эффект: благодаря нему у вас повышается продуктивность на весь день. Если вы начинаете день осмысленно, то, вероятно, и закончите его так же.

У меня тоже бывают дни, когда я долго сплю (это безобразие, я знаю). Обычно в такие дни моя эффективность совсем не та, нежели чем при ранних подъемах. Это работает как часы. Если я проснулся с планом, то и завершу день с планом. Если я проснулся и решил действовать по обстоятельствам, то ожидаемо получаю результаты не на должном уровне.

Если вы хотите весь день продвигаться вперед, выполняя поставленные задачи, как прославленный военачальник, лучше всего начать день так, как вы хотите его закончить. Начните его продуктивно и целенаправленно, и закончите продуктивно и целенаправленно.

9. БОЛЬШЕ ВЕРОЯТНОСТИ ДОСТИЧЬ ГЛАВНЫХ ЦЕЛЕЙ

Быть продуктивным — значит делать дела, но в случае с чудом раннего утра ваша цель — не просто успеть больше. Когда вы начнете вставать раньше, перед вами откроются новые возможности. Вы сможете делать буквально все, что угодно. У вас освободится время, которого до этого не существовало, и появится выбор.

Вы можете либо оптимально использовать это время, либо потратить его попусту. Реализовать его по максимуму или упустить. Трюк в том, чтобы заранее решить, как вы его проведете. Больше всего чудо раннего утро идет на пользу тем, кто просыпается с основательным планом, как преуспеть в выполнении своих главных целей.

Когда вы выделите время для своих наивысших устремлений, у вас появится способность добиваться феноменального прогресса. У вас будет время пробежать марафон, написать книгу, получить ученую степень или достичь любой другой достойной цели.

Даже одного часа в день и пяти дней в неделю может оказаться достаточно, чтобы продвинуться в каких-то вещах, ценных для вас и вашей миссии. Используйте преимущества этого времени и охраняйте их как драгоценности короны.

10. ВЫ ВСТУПИТЕ В ЭКСКЛЮЗИВНЫЙ КЛУБ ВЫСОКОПРОДУКТИВНЫХ ЛЮДЕЙ

Что общего у Говарда Шульца (главы Starbucks), Ричарда Брэнсона (основателя Virgin Group), Анны Винтур (главного редактора Vogue) и Тима Кука (генерального директора Apple), помимо поразительных успехов в бизнесе? Все эти сильные мира сего встают рано утром. Ричард Брэнсон и Анна Винтур просыпаются в 5.45, а Говард Шульц и Тим Кук — в 4.30.

Не стоит забывать и о таких выдающихся людях как Бенджамин Франклин, Томас Джефферсон, Маргарет Тэтчер, Барак Обама, Джордж Буш-младший, Фрэнк Ллойд Райт[1] и Чарльз Дарвин.

Между целеустремленностью и успехом, ранними подъемами и высокими достижениями, имеющимся с утра планом и способностью изменить мир есть явная связь. Если вы хотите начать путь к высоким достижениям, ранний подъем должен быть первым в вашем списке дел на завтра.

СЛОМАЙТЕ КНОПКУ «ДРЕМАТЬ»
Ловушки, ошибки и проблемы

Подумайте о том, как себя называть.

Прежде чем стать марафонцем, я им не был. Прежде чем я стал создателем подкаста, я им не был. Прежде чем стать автором, мужем, выпускником университета и всеми теми, кем я также стал, я таким не был.

---

[1] Фрэнк Ллойд Райт (1867–1959) — американский архитектор-новатор. (*Прим. пер.*)

Вы не увидите себя в новом качестве, пока не проживете это на самом деле. Вы не сможете назвать себя спортсменом, успешным человеком или «жаворонком», пока действительно им не станете.

Когда я только начал практиковать бег, у меня появилось серьезное препятствие: я не считал себя бегуном. Более того, я не только не использовал этот термин, чтобы описать себя, но и боялся его.

В моем понимании «бегуны» были элитой спорта. Эти стройные и быстрые люди могли делать вещи, на которые, как мне казалось, я был абсолютно не способен (или не способен делать их хорошо).

Летом 2006 года, вернувшись домой после учебы в Праге, я оказался в самой плохой физической форме за всю жизнь.

Я быстро решил сделать бег центральным пунктом в моей новой фитнес-программе. И стал бегать каждый день — сначала не больше чем по пять минут.

К концу того лета я пробегал 5 миль (8 км) в день. Стал ли я бегуном? Мне казалось, что да.

Но был ли я бегуном, когда бегал только пять минут в день? По моему мнению, нет.

Только когда я начал бегать по 5 миль в день, я разрешил себе привилегию называться бегуном.

Не знаю, почему я установил эту границу, но почему-то я сделал именно так. Это была совершенно произвольная точка отсчета. Таким образом я определил для себя настоящий прогресс.

История, как я стал бегуном, станет и вашей историей о том, как вы стали кем-то новым. Сегодня вы ни за что не назовете себя ранней пташкой, но вскоре это выражение войдет в ваш лексикон. Снаружи ничего особенно не изменится, но внутри произойдет монументальный сдвиг.

Начинайте с малого и дайте себе свободу. Это все, что необходимо для важнейшего сдвига, который приведет к значительным переменам. Для начала поверьте, что сможете соответствовать новому званию и не сдерживайте себя — разрешите его принять.

Я слишком долго ждал, чтобы признать себя бегуном. Пять минут в день — то же самое, что 5 миль. И то, и другое говорит, что вы действуете и что ваши слова не расходятся с делом.

Даже закоренелые «совы» могут однажды назвать себя «жаворонками».

РЕЗЮМЕ. ПОЧЕМУ РАНО ВСТАВАТЬ ТАК ЗДОРОВО

1. У вас будет драгоценное время, чтобы эффективно спланировать свой день.
2. Раннее утро идеально для медитации, молитвы, йоги или просто покоя.
3. Ваш сон, вероятно, радикально улучшится, когда вы начнете ложиться спать и вставать в одно и то же время.
4. Можно почти точно утверждать, что у вас появится много энергии и взгляд на жизнь станет более позитивным.
5. Будет легче сосредоточиться на главных целях.
6. Поскольку голова заработает яснее, творческие идеи будут приходить быстрее.
7. Те, кто рано встает, обычно больше занимаются физкультурой, едят более здоровую пищу и выглядят привлекательнее. Сплошные плюсы!
8. Если вы встаете с готовностью победить свой день, то почти наверняка сделаете больше.
9. Когда чудо раннего утра станет постоянным в вашей жизни, у вас повысится вероятность достичь главных целей.
10. Многие очень успешные люди просыпаются рано, и скоро вы к ним присоединитесь.

ПЛАН ДЕЙСТВИЙ К ГЛАВЕ 2

1. Как можно описать типичное утро в вашем мире? Занятое и напряженное? Медленное и мирное? Продуктивное и радостное?

_____

_____

2. Можно ли назвать вашу жизнь слишком комфортной? Какие тенденции, привычки и ритуалы, способствующие комфорту, уводят вас в сторону от великих целей?

3. Какие преимущества ранних подъемов кажутся вам наиболее привлекательными? Почему вообще стоит рано вставать? Чего вы надеетесь добиться в пять утра?

Глава 3

Радостно вскакиваем с кровати

Как наконец-то стать «жаворонком»

> Каждую ночь я засиживаюсь допоздна и каждое утро понимаю, что это была плохая идея.
>
> *Неизвестный*

Самый популярный вопрос, который мне задают, поступает от «сов». Послушав, как я распространяюсь о благах раннего подъема, они не могут избавиться от сомнений: «Может ли такая "сова", как я, превратиться в "жаворонка"?».

Ответ простой: только если захочет.

Время, когда вы просыпаетесь, не записано в вашей ДНК. И утром не рок и не предопределение удерживают вашу голову на подушке.

Постоянно рано вставать — навык, и это отличная новость. Значит, со временем вы сможете развить его и увидеть настоящий прогресс.

Чтобы совершить это превращение, нужно сделать несколько простых шагов — и не важно, насколько поздно вы сейчас ложитесь и насколько рано хотите вставать.

Преображение в «жаворонка» — не фантазия, а реальная возможность, которая есть и у вас, «совы».

СЕМЬ ШАГОВ НА ПУТИ ИЗ «СОВ» В «ЖАВОРОНКИ»

Теперь, когда я убедил вас, что рано вставать — не только цель, на которую стоит потратить время, но и отличная стратегия, способная привести вас к невероятному успеху на долгие годы, я хочу рассказать вам о семи шагах, которые превратят вас из закоренелого полуночника в фаната раннего утра.

1. ПОВЕРЬТЕ МНЕ НА СЛОВО И ОТКРОЙТЕ В СЕБЕ НЕДА ФЛАНДЕРСА

Нед Фландерс — мой любимый персонаж из мультсериала «Симпсоны». Это зануда из зануд: у него огромные очки, противный голос и ужасно бодрый нрав.

Он дружелюбен, организован и придерживается трех принципов: не употреблять наркотиков и алкоголя, тщательно пережевывать пищу и часто ходить в церковь. Чтобы полюбить ранние подъемы, надо думать как «жаворонок». Пора открыть в себе внутреннего Фландерса и начать действовать как он.

Если вы хотите пропустить этот шаг и настаиваете, что вам нисколечко не нравится мистер Фландерс, возможно, вы начнете рано вставать, не имея на это веских причин. Сначала все будет хорошо, но со временем воодушевление спадет, и вы с большой вероятностью сдадитесь. Если вы не можете с энтузиазмом ответить на вопрос *зачем*, сформулировав таким образом глубинную и убедительную причину для подъема в пять утра, у вас найдется масса поводов остаться в кровати и пренебречь преимуществами, которые мы только что обсудили.

Здесь все зависит от того, что стоит на кону. Если главные цели в вашей жизни важны для вас, то необходимость радостно вскакивать с кровати должна быть еще важнее.

Действие: Представим, что вы не фанат мистера Фландерса, но существует другой любитель ранних подъемов, которому вы хотели бы подражать. Возьмите этого человека и поверьте в него безоговорочно. Станьте следующим Томасом Джефферсоном или

Маргарет Тэтчер, изучив их биографию, привычки и достижения. Действуйте по примеру самого успешного человека в вашей отрасли или человека, который кажется похожим на идеальную версию вас в будущем.

2. ТРЕНИРУЙТЕСЬ КАК ЧЕРЕПАХА

Забавно, что любое значительное изменение в жизни легко совершить один раз. Можно один раз пробежать марафон, не тренируясь. Можно занять деньги, не имея плана, как их отдать. Можно не спать всю ночь и закончить большой проект.

Проблема в том, что все эти краткосрочные решения быстро приводят к болезненным последствиям.

Если вы пробежите марафон без тренировки, то заработаете медаль финалиста, но будете страдать от ужасной боли. Вы еще долго не сможете ходить, и, вероятно, больше никогда не станете бегать.

Если занять деньги без плана выплат, у вас появится долг по кредитной карте, вы будете спать на диване в родительском доме и станете банкротом. То, что звучит привлекательно сегодня, оборачивается сильными неприятностями потом.

Если не лечь спать, пусть даже это и обернется большим прогрессом в достижении важной цели, ваш график пойдет под откос на несколько дней, пока вы будете восстанавливаться. Я провел немало бессонных ночей и всегда жалел, что недостаточно эффективно распланировал свое время.

Все эти решения временные. Все они импульсивны и почти бесполезны в долгосрочной перспективе. Лучше разбивать большие проекты на маленькие кусочки и планировать работу заранее.

Чтобы стать успешным «жаворонком», недостаточно прихоти или спонтанного решения — это стиль жизни и образ мыслей. Если вы хотите добиться успеха на этой неделе, в следующем году или через 50 лет, вам потребуется хороший план.

Действие: Достаньте ежедневник и внесите необходимые изменения в ваш график. Зная, что режим сна скоро поменяется, запланируйте, как это будет выглядеть в долгосрочной перспективе.

Над какими целями вы хотите работать ранним утром? Какие задачи, запланированные на поздний вечер, надо будет передвинуть?

3. БУДЬТЕ ОСТОРОЖНЕЕ С КОФЕИНОМ

Я люблю кофе. Если конкретнее, я люблю выпивать двойной эспрессо по утрам.

Когда вы начнете рано вставать, возможно, придется на время скорректировать ежедневную дозу кофеина.

Я считаю себя немного кофеинозависимым, и, если эта задача кажется вам невозможной, мне легко разделить ваши чувства. Хорошая новость: чтобы рано вставать, не надо отказываться от кофе. Но, возможно, стоит сократить его количество на переходный период, чтобы раньше засыпать. Чем раньше вы заснете, тем раньше сможете проснуться. Логика здесь очевидна, но бремя отказа от кофеина может стать для вас небольшой трагедией. Сочувствую!

Действие: Сократите количество кофеина, которое вы употребляете каждый день, установив четкую границу. Например, я пью кофе только по утрам и отказываюсь от него во второй половине дня, чтобы лучше засыпать.

4. ПЕРЕНЕСИТЕ НА ДРУГОЕ ВРЕМЯ ВЕЩИ, КОТОРЫМИ ВЫ ЗАНИМАЕТЕСЬ ПОЗДНО ВЕЧЕРОМ

Когда я учился в университете, то постоянно заходил в ресторан фастфуд Taco Bell, чтобы поесть на ночь глядя. Я запихивал в себя буррито и энчилада — и заливал их газировкой из литровых стаканов. Сейчас меня мутит от идеи съесть что-нибудь в этом духе, с тех пор я сильно изменился.

Оцените свои вечерние привычки и решите, на какое время их можно перенести, если это вообще стоит сделать. Слишком много смотрите телевизор? Откажитесь от него. Сидите в Facebook до часа ночи? Прекратите. Допоздна общаетесь с друзьями по вечерам в будни? Подождите с этим до пятницы.

Чтобы сделать переход как можно более гладким, просто перенесите любимые вечерние привычки на другое время. Не надо отказываться от телевидения и социальных сетей навсегда, просто прекратите поглощать их огромными порциями, когда наступает время ложиться спать.

Действие: Составьте список вещей, которыми вы регулярно занимаетесь поздно вечером. Какие из них можно перенести, сократить или вообще прекратить?

5. УСТАНОВИТЕ ГРАНИЦУ ДЛЯ ЗАВЕРШЕНИЯ РАБОТЫ И ОТПРАВЛЯЙТЕСЬ В КРОВАТЬ

Самый эффективный способ встать рано — это рано лечь. Лучший способ гарантировать, что вы будете ложиться спать в нужное время — разрушить препятствия между вашим занятым работающим «я» и усталым «я», лежащим в кровати с закрытыми глазами.

Именно по этой причине я установил границу, когда мне необходимо завершить работу. В восемь вечера я останавливаюсь. Ровно в 20.00 я выключаю все — компьютер, телефон, телевизор, планшет и прочие устройства.

К этому моменту я либо уже закончил задачи на день, либо перенес их на другой день. Еще у меня уже готов список на завтра и написаны ответы на все электронные письма. (Мы обсудим принцип «Ноль во входящих» в Главе 8.) Потом я принимаю душ, беру книгу и отправляюсь в постель.

Мой вечерний ритуал записан на бумаге. Он запланирован заранее, скорректирован с течением времени и оптимизирован так, чтобы я действительно был в кровати каждый вечер в нужное время. Бывают ли исключения? Конечно, но вероятность успеха радикально повышается, если есть хорошо организованная структура, которую вы постоянно контролируете.

Действие: Запланируйте идеальный вечерний распорядок на бумаге. Напишите, что вы будете делать и когда. При необходимости установите себе границу, когда вы прекратите всю дневную работу. Поделитесь этим планом со всеми, кто живет с вами или любит поздно вечером посылать вам задания из офиса. (Намек: расскажите начальнику о вашем новом распорядке дня, чтобы он или она не принуждали вас бодрствовать до полуночи.)

Более детальное описание и инструкции по созданию вечернего распорядка смотрите в главе 7 (с. 101).

6. НЕМНОГО СДВИНЬТЕ ВРЕМЯ СНА

Именно с этого начнутся изменения. Переведите будильник лишь на 15 минут раньше, чем обычно, и ложитесь спать тоже на 15 минут раньше. Это маленький шажок к долгосрочной цели — просыпаться в идеальное для вас время.

Если сейчас вы ложитесь спать где-то в 23 часа, а хотите быть в постели в 21.30, разбейте эту разницу в 90 минут на пятнадцатиминутные шаги.

Не беспокойтесь о том, сколько времени может занять этот процесс. Просто сдвигайтесь, когда почувствуете, что пришло время. В зависимости от вашего распорядка и от реакции организма на изменения вы можете прийти к идеальному времени завтра, на следующей неделе или много недель спустя.

Действие: Запланируйте первый сдвиг на 15 минут. Назначьте конкретное время отхода ко сну и соответствующее время подъема, чтобы у вас была возможность поспать столько, сколько необходимо.

7. ПРОСНИТЕСЬ И СДЕЛАЙТЕ ЧТО-НИБУДЬ ПОЗИТИВНОЕ

На время перехода запланируйте новую здоровую и продуктивную привычку, которой вы займетесь в эти 15 минут. Если вы просто встанете раньше и продолжите заниматься тем, чем обычно, не изменится ничего, кроме времени подъема. Но наша цель — повысить продуктивность и получить ощутимые результаты.

Эти лишние 15 минут можно потратить на любую привычку, которая кажется вам достойной, но для начала я бы порекомендовал сосредоточиться на вещах, которых вам не хватало. Если вы любите йогу, но не находите на нее времени, уделите ей 15 минут завтра утром. Благодаря любимым занятиям вы будете ценить это время гораздо больше, чем кажется сейчас.

Для начала составьте список утренних привычек, которые вы хотите приобрести или перенести с более позднего времени на раннее. К лучшим утренним привычкам относятся те, которые способствуют бодрому пробуждению и положительному настрою. Я рекомендую выбрать что-нибудь спокойное и мирное, например, молитву, медитацию или чтение книги с позитивным содержанием.

Другой вариант — сразу приступить к физическим упражнениям. Можно заняться пилатесом, пойти на прогулку или пробежку, или быстро сделать несколько отжиманий. Я обнаружил, что короткая, но интенсивная утренняя зарядка — гарантированный способ передвинуть подъем на более ранний срок. Если вы хотите, чтобы этот переход был легче, эффективнее и быстрее, внесите зарядку в утренний распорядок.

Действие: Запланируйте здоровую привычку на образовавшиеся у вас 15 минут свободного времени. Не обязательно выбирать только одну. Можно пройти через ряд привычек, которые бы чередовались между собой, — например, медитация в понедельник или пробежка по пересеченной местности во вторник.

БЫСТРЫЙ И ГРУБЫЙ МЕТОД

Если вы склонны считать себя мазохистом и идея постепенного перехода к ранним подъемам кажется вам болезненно медленной, у меня есть решение.

Повторите семь шагов, которые я только что описал, с одним важным отличием: измените шестой шаг так, чтобы встать в идеальное время завтра утром.

Благодаря этому вы почувствуете себя как путешественник, который прилетел за границу: будете страдать от смены часовых поясов и ужасной усталости, но радоваться тому, что наконец прибыли на место.

В первые несколько дней вы будете чувствовать себя плохо, но долго это не продлится. Рекомендую на это время запланировать задачи и проекты, для которых не нужно работать головой (а может, даже взять несколько выходных). Займитесь домашними делами, другими вещами, которые не надо обдумывать, или сделайте что-нибудь в одиночку. Справляясь с усталостью и недовольством самостоятельно, вы окажете услугу семье и коллегам.

Не забудьте изменить время отхода ко сну в соответствии с вашими потребностями и новым временем подъема. Еще может оказаться, что рано ложиться стало очень легко, ведь у вас все время слипаются глаза.

Часто задаваемые вопросы

Сколько времени займет переход?

Здесь все зависит только от вас. Быстрый и грубый метод позволит встать в пять утра уже завтра. Однако можно внедрять изменения медленно, в течение недель или месяцев. В зависимости от вашего графика и решимости сделать ранний подъем образом жизни, это может произойти в любой момент, оптимальный для вас.

Надо ли рано вставать семь дней в неделю? А как же выходные?

Прелесть системы в том, что вам не обязательно рано вставать каждое утро. Главное здесь — целенаправленное использование времени во имя вашей цели, а это значит, что вставать можно, когда захочется.

Но, если всерьез собираетесь стать процветающим «жаворонком», ваш режим сна должен быть как можно более устойчивым. Если по будням вы обычно встаете в пять утра, а в воскресенье — в одиннадцать, ваши внутренние часы очень серьезно разладятся. Я не рекомендую вообще отказаться от вечерних развлечений и в пятницу вечером сидеть дома как отшельник, но, если вам важна продуктивность, придется идти на жертвы.

Хорошая новость: можно быть гибким и при этом сохранять позитивные привычки.

Как вы считаете, какой должна быть минимальная продолжительность сна? Повысится ли моя продуктивность, если я буду спать меньше, чтобы по максимуму использовать время бодрствования?

Хотя я не сомнолог, все же могу с уверенностью сказать, что у каждого из нас индивидуальная норма сна, позволяющая полностью восстановиться. Моей жене Тессе нужно спать довольно много, от 9 до 11 часов. Мне же достаточно 7 или 8 часов, чтобы выспаться и подготовиться к новому дню.

Вероятно, вы уже знаете свое тело и знаете, сколько часов сна вам нужно, чтобы проснуться со свежей головой. Цель здесь в том, чтобы получать необходимый объем сна как можно чаще и регулярнее. Если вы слишком долго будете жертвовать сном, ежедневная продуктивность станет катастрофически низкой. Воплощение грандиозных целей — задача долгосрочная. Иногда краткосрочные жертвы того стоят, но сон — это волшебство. Старайтесь поддерживать здоровый ритм отдыха, и тело вас поблагодарит.

Если я лягу поздно, надо ли просыпаться рано, даже если не получится проспать минимально необходимое время?

Обожаю этот вопрос, потому что он демонстрирует нежелание отступаться от целей. Проблема здесь в том, что при таком сценарии ранний подъем может привести к обратному эффекту.

Я никогда не посоветую человеку, который лег после полуночи, встать на рассвете. Это просто нелогично.

В результате вы сильно не выспитесь, пожалеете и серьезно потеряете в продуктивности. Недостаток сна мешает ясно мыслить и принимать обдуманные решения, плохо влияет на качество работы.

Если вы окажетесь в такой неблагоприятной ситуации, выспитесь. Отдохните, сколько нужно, а потом возвращайтесь к нормальному раннему подъему за следующие несколько дней.

Что если я просплю? Упущу ли я шанс быть продуктивным? Как мне поступить с остатком дня?

Когда-нибудь вы обязательно проснетесь позже, чем собирались. Это случается со всеми, включая меня. Однако цель не в том, чтобы никогда не просыпаться поздно, но в том, чтобы оптимально использовать часы бодрствования.

Хотя вы не упустите шанс провести день продуктивно, даже если проспите, вероятно, придется отказаться от важных вещей, которые вы уже привыкли делать с утра. Не расстраивайтесь, что пропустили утреннюю тренировку, и переходите к дальнейшим действиям.

Вероятно, позже у вас будут шансы наверстать упущенное, и, кроме того, вы всегда можете вернуться к своим привычкам на следующий день.

Не давайте одному дню повлиять на траекторию вашего движения к цели. Не теряйте из виду общую картину и возвращайтесь к распорядку как можно раньше.

А что делать с остальными членами семьи? Что если я состою в браке, и дома у меня дети, соседи по квартире, собаки и три ручных гориллы? Как мне вставать рано в доме, где полно народу?

На этот вопрос есть два ответа. Во-первых, если у вас дома есть ручные гориллы, я мечтаю с вами познакомиться. Во-вторых, если вы живете с другими людьми, у которых другой распорядок дня, — это не повод подолгу спать или откладывать выполнение целей.

У всех нас свои проблемы, препятствия и странные обстоятельства, с которыми приходится справляться. За те несколько лет, что прошли после окончания университета, я переехал на другой конец страны, стал работать по 70 часов в неделю на двух работах, научился бегать марафоны и основал дополнительный бизнес. *Я знаю, что такое быть занятым человеком.*

При этом в разные периоды я жил с родителями, разными соседями и даже с 30 членами студенческого братства в доме, где постоянно шли вечеринки и всегда кто-то бодрствовал. *Я знаю, что такое двигаться к целям, одновременно приспосабливая свой график к режиму других людей.*

Сложить руки и позволить препятствиям встать между вами и вашей целью — это выбор. Однако вполне естественно и адекватно осознавать, в каких именно жизненных обстоятельствах вы сейчас находитесь. Вполне возможно, что нынешний этап, тенденция или временная ситуация не позволяет вам жить идеально.

В то же время, как говорил Альберт Эйнштейн, «в трудности найдите возможность». В хаосе всегда можно откопать решения. Всегда существуют прекрасные способы добиться прогресса, которых вы не замечали раньше, но теперь, когда вы изменили взгляд на вещи, они ярко засияют для вас.

Когда я чувствую, что буксую или что мне мешают обстоятельства, я пытаюсь взглянуть на ситуацию под другим углом. Я спрашиваю себя: «Что я упускаю? Как бы я решил эту проблему, если бы это было абсолютно необходимо?»

Если вы задаете вопрос, ответ появляется всегда. Возможно, это будет не тот ответ, который вы хотите услышать, но вы точно его получите.

Я ВСТАЛ — И ЧТО ТЕПЕРЬ?

Допустим, вы прошли все семь шагов и теперь просыпаетесь рано утром (ну или собираетесь начать). Что же делать с этими драгоценными утренними часами?

В главе 7 (с. 101) я приведу несколько простых шагов, которые помогут выстроить идеальный утренний распорядок с начала и до конца. Мы посмотрим на прекрасные примеры, обсудим, как увязать утренний распорядок с главными целями в жизни, и подвергнем ваш вариант суровой проверке, чтобы гарантировать его оптимальность.

Но прежде чем перейти к конкретике вашего чуда, в следующих главах мы исследуем, как именно будет выглядеть новая продуктивная жизнь благодаря Стратегии раннего утра.

Ранние подъемы — главная тема этой книги, однако утренний распорядок — это лишь часть более масштабной системы, которая может преобразить всю вашу жизнь в машину по достижению целей.

СЛОМАЙТЕ КНОПКУ «ДРЕМАТЬ»
Ловушки, ошибки и проблемы

Итак, я должен это сказать — «еще пять минут» абсолютно исключены.

Поэтому я назвал эти разделы «Сломайте кнопку "Дремать"». Эта кнопка — лучшая метафора для неподходящего старта.

Большинство людей начинают утро с прокрастинации — нажимают на кнопку будильника и откладывают момент, когда они вскочат с кровати и одержат победу над новым днем.

Эта привычка тормозит вас, что приводит к дальнейшему замедлению. Если вы начинаете день, реагируя на обстоятельства, а не формируя их, то весь день приходится быть настороже и давать отпор. Постоянно возникают пожары, которые надо тушить, проблемы, которые надо решить, — и вас моментально накрывает с головой. Стресс нарастает, вы отстаете от графика.

Куда ушло все это время?

Почему я забыл помедитировать, побегать или почитать любимую книгу?

Что произошло этим утром?

Кнопка «Дремать» создает этот сценарий и закрепляет представление о том, что утро — ужасное время, тогда как на самом деле надо в корне изменить наш подход к началу дня.

Моя рекомендация проста: вообще перестаньте нажимать на эту кнопку. Просыпайтесь и поднимайтесь.

Никаких «пяти минут».

Никакого сна после первого звонка будильника.

Вы больше не откладываете красоту раннего утра и возможность добиться грандиозных целей.

Это начало.

Завтра вы меня поблагодарите.

РЕЗЮМЕ. ИЗ «ЖАВОРОНКА» В «СОВЫ»

1. Найдите собственного «Неда Фландерса», отправьтесь по ее или его стопам и разбудите в себе внутреннего «жаворонка».
2. Путешествие будет долгим, как у черепахи. Будьте к этому готовы.
3. Я тоже люблю кофеин, но пришло время сделать перерыв. Сократите употребление кофе хотя бы ненадолго.
4. Полуночные выходы за фастфудом должны остаться в прошлом. Определите, какие вечерние привычки нуждаются в изменении.
5. Установите четкую границу для завершения дел и отдайте должное вечернему распорядку. Ранний подъем зависит от раннего отхода ко сну.
6. Начинайте сдвиг. Заведите будильник на новое время. Будут ли это постепенные изменения или прыжок в омут с головой — решать вам.
7. Хорошая тренировка дает много сил. Чтобы перемена прошла легче, добавьте физические упражнения в новый утренний распорядок.

ПЛАН ДЕЙСТВИЙ К ГЛАВЕ 3

1. 1. Продумайте эффективный набор регулярных вечерних ритуалов (включая более ранний отбой) и выполните их сегодня.

_____
_____
_____
_____
_____

2. 2. Заведите будильник на 15 минут раньше, чем обычно. Нынешнее время:
_____

Новое время:
_____

3. 3. Решите, какой *единственный* вечерний ритуал вы выполните за эти 15 минут.
Ваш новый ритуал:
_____
_____

ЧАСТЬ II

СТРАТЕГИЯ РАННЕГО УТРА

Глава 4
Закладываем основы

Готовимся к грандиозному приключению

> С раннего детства я всегда мечтал исследовать новые земли. Откуда-то я взял представление, что исследователь живет в джунглях вместе с аборигенами и многочисленными дикими животными, и не мог вообразить себе ничего лучше! В отличие от других мальчиков, которые, подрастая, несколько раз передумывали, кем хотят стать, я никогда не отклонялся от этой цели.
>
> *Джон Годдард, путешественник, исследователь, писатель и человек, который достиг амбициозных целей*

ПУТЕВОДНАЯ КАРТА УСПЕХА

В отличие от Джона Годдарда я определенно был среди тех мальчиков, которые постоянно меняли планы на будущее. Я даже написал об этом целую книгу под названием «С дипломом и в растерянности» (Graduated and Clueless). История моей жизни — это история экспериментов, а не сосредоточенного движения к одной цели. Я люблю разнообразие больше, чем твердые решения, и всегда был готов признать, что и сам толком не знаю, чем я занимаюсь.

Однако я уверен, что, когда все-таки принимаю решения, то учусь на собственном опыте. Я обращаю внимание на вещи, которые меня интригуют, и, если уж к чему-то стремлюсь, то смело иду к цели по темным переулкам и проселочным дорогам. Моя жизнь, как и жизнь Джона Годдарда, — тоже грандиозное приключение, но мною скорее движет любопытство, чем уверенность. Возможно, я не всегда знаю, чего хочу, но точно готов почти на все, чтобы это выяснить.

Через два месяца после окончания университета я переехал в процветающий мегаполис Бостон, в штат Массачусетс, за 1600 км от моего дома в Миссури. У меня не было ни работы, ни денег, ни плана. Была только готовность сделать все возможное, чтобы Бостон стал моим новым домом. Пока я рос на Среднем Западе, я всегда мечтал переехать в большой город. И когда появилась такая перспектива (моя тогдашняя девушка и нынешняя жена, получив диплом, собиралась продолжить учебу в Бостоне), я ухватился за возможность изменить свою жизнь и стать бостонцем и фанатом бейсбольной команды «Бостон Ред Сокс».

Через несколько дней после переезда в квартиру с абсурдно высокой арендной платой я начал работать коммивояжером. Не будем приукрашивать ситуацию — я пошел на сайт объявлений Craigslist и нашел там вакансию, на которую взяли бы любого. У меня не было машины, и приходилось ездить на бостонском метро по полтора часа в одну сторону. Я бросил работу спустя девять неприятных недель, за которые мне удалось продать товар лишь горстке покупателей.

Единственным светлым пятном в этот дикий период жизни был мой начальник. Он был фанатом Джона Максвелла, известного оратора и автора более 70 книг. Босс дал мне одну из этих книг под названием «Путеводная карта успеха». Он попросил меня прочитать ее за несколько дней и рассказать, какие уроки я оттуда вынес.

Этот момент стал для меня поворотной точкой. Целых 23 года жизни необходимость что-то прочитать приводила меня в ужас, и в первый раз книга целиком захватила мое внимание. Она преобразила мое представление об успешной целенаправленной жизни, полной достижений.

Величайшим открытием для меня стала возможность личностного роста. Благодаря Джону я понял, что сам могу выбирать будущее, прокладывать дорогу и строить жизнь, которую мне всегда хотелось иметь. Возможно, это похоже на восторги в стиле хиппи, но трансформация, которая произошла у меня в голове, была по меньшей мере революционной.

САМАЯ ЛУЧШАЯ И ПРОДВИНУТАЯ ВЕРСИЯ ВАС

В бесконечном стремлении к личностному росту я пытался достичь наивысшей точки — стать лучшей версией себя. Никакой другой сценарий не имел для меня смысла. Зачем попусту растрачивать потенциал, если можно подниматься все выше и выше?

За годы я поставил над собой много экспериментов, пытаясь двигаться вперед. Я радикально изменил питание, фитнес-режим, религию и стиль жизни. Я пробежал сверхмарафоны, попробовал очистку соками и прочел сотни самых разных книг — от советов, как подработать на дополнительном бизнесе, до руководств по сложным асанам для практикующих йогу. Но больше всего меня поразил тот факт, что мои величайшие озарения и открытия вовсе не были основаны на инновациях мирового масштаба, которые могли бы, например, решить проблему голода на планете.

И годы спустя, и сегодня справедливо одно: мои наиболее выдающиеся достижения основываются на самых базовых вещах.

Во введении к этой книге я рассказал, как готовился к марафону и начал рано вставать, чтобы успеть побегать перед работой. Я завершил эту историю утверждением: *обязательство вставать рано для работы над главными целями оказалось самым лучшим профессиональным и личным решением, которое я принял за многие годы, а возможно, и за всю жизнь.*

Ранний подъем — не какая-то уникальная инновация. Он определенно не позволит вылечить рак или обеспечить всех бездомных жильем. Но этот прорыв показал, что если вскакивать с кровати в пять утра, то можно открыть наилучшую версию себя. Ранний подъем, как небольшая дверная петля, благодаря которой открывается тяжелая дверь, может стать средством, благодаря которому вы сумеете добиться всего, что только можно вообразить. И прежде всего — ощутимого прогресса в целях, которые определят ваше будущее и приблизят к самой продвинутой и лучшей версии самого себя.

СЕМЬ ШАГОВ К ЭКСТРАОРДИНАРНОЙ ПРОДУКТИВНОСТИ

За годы, пока я просыпался рано, чтобы добиться самых важных целей в жизни, я собрал лучшие идеи, методы и процессы

- 7. Уровень профи
- 6. Показатели прогресса
- 5. Принципы продуктивности
- 4. Идеальный распорядок
- 3. Опорные привычки
- 2. Квартальная система
- 1. Главные цели

в поэтапной системе, которую назвал «Стратегией раннего утра». Она состоит из семи шагов, способных привести к экстраординарной продуктивности и достижению целей в течение всей жизни.

Моя стратегия поможет вам справиться с хаосом повседневности. Вы получите немного покоя в разгар шторма и, возможно, построите продуктивное будущее на этой основе. Звучит смело, поэтому давайте перейдем к конкретике, чтобы вы увидели, как именно эта система работает в реальной жизни.

Вот семь шагов в моей Стратегии. В следующих главах я подробнее расскажу о каждом из них и опишу конкретные действия, которые помогут применить идеи на практике.

1. **Определите ваши главные цели**
   Пусть пирамиду слишком часто используют в качестве иллюстрации — именно она лучше всего отражает суть моей стратегии. В ее основе лежат главные цели в вашей жизни. Ниже мы рассмотрим, как их определить.

2. **Создайте собственную Квартальную систему**
   Шаг второй — создать Квартальную систему, в которой будут установлены контрольные точки по достижению ваших целей (с. 73). Так вы заранее преобразите мечты и фантазии в конкретные проекты, которые можно воплотить.

3. **Определите опорные и сопутствующие привычки**
   Третий шаг — определить опорные привычки, которые естественным образом перетекут в сопутствующие привычки, ведущие к продуктивности. Они сформируют структуру вашего дня и приведут к росту производительности и энергии, ясности мышления и многим другим преимуществам.

4. **Продумайте идеальную неделю, идеальный утренний распорядок и идеальный вечерний распорядок**
   Четвертый шаг — создать идеальный распорядок на неделю, утро и вечер. Благодаря им чудо раннего утра будет запущено, и вы конкретно и целенаправленно оптимизируете использование самых драгоценных часов вашего дня.

5. **Применяйте важные принципы продуктивности**
   Реализуя их в разной форме в течение дня, вы будете продвигаться к главным целям.

6. **Контролируйте свой прогресс с помощью самых эффективных инструментов**
   На этом этапе в процессе достижения целей вы измеряете, отслеживаете и контролируете все идеи, задачи и проекты.

7. **Станьте профи, применяя продвинутые методы**
   Седьмой и последний шаг — оптимизировать всю систему с помощью продвинутых стратегий. Как только вы освоите предыдущие шаги, вы сможете взять на вооружение продвинутые методы, которые позволят вам выйти на новый уровень и сделают вас профи.

ПОДХОДИТ ЛИ ВАМ ЭТА СТРАТЕГИЯ?

Стратегия раннего утра — это не просто набор приемов или симпатичная пирамидка. Прежде всего это мировоззрение. Это объектив, в котором вы увидите, как самые, вроде бы, незначительные действия и решения могут складываться в серьезные результаты.

Слушатели моего подкаста, читатели блога и клиенты — примеры амбициозных людей, разделяющих мой взгляд на мир. Мы видим его как широкий простор для возможностей. Моя стратегия предназначена для людей, которым не терпится воспользоваться шансом, лежащим прямо перед ними.

Если вам очень хочется добиться успеха, получить помощь или просто изгнать хаос из вашей жизни, эта стратегия позволит вам ухватиться за возможности, которых каждый день очень много вокруг.

КАК ВЫГЛЯДЯТ «ПУНКТ А» И «ПУНКТ Б»

Чтобы рассмотреть Стратегию раннего утра в контексте, давайте обратимся к совершенно не экстремальному примеру выдуманной героини, которую я назвал Суетливая Сюзанна.

Сейчас Суетливая Сюзанна находится в «Пункте А». У нее есть работа на полную ставку, дети, личные цели и амбиции в бизнесе, но ее жизнь представляет собой катастрофу. Она постоянно перегружена, не справляется, опаздывает и часто терпит поражения, потому что система ее работы не эффективна — или ее вообще нет.

Она хочет от жизни большего, но тонет в обязанностях, обещаниях и собственных идеях. Ей всегда слишком много надо сделать, и никогда не хватает на это времени. У нее слишком много писем, на которые надо ответить, мероприятий, которые надо посетить, и проектов, над которыми надо работать, — а сил не хватает даже, чтобы начать, не говоря уже о том, чтобы закончить. Другими словами, Суетливой Сюзанне отчаянно необходимо чудо.

Теперь давайте посмотрим на Суетливую Сюзанну в «Пункте Б», после того как она полностью внедрила Стратегию раннего утра и использовала ее в течение нескольких месяцев. На этом этапе она организованна, эффективна и имеет четкие цели на каждый день. Она привела ежедневный график в соответствие с долгосрочными целями, не говоря уже о том, что у нее есть четкий письменный план.

У нее есть система контроля и надежные механизмы отчетности, которые она включила в свою жизнь. Она использует эффективные стратегии для повышения производительности, которые помогают делать больше каждый день, а еще у нее есть здоровые привычки, позволяющие сохранять энергию и хорошую физическую форму. Каждое утро она встает с планом на день и знает, как оптимизировать расписание, чтобы как можно больше времени уделять приоритетам.

Сейчас, в «Пункте Б», жизнь Сюзанны нельзя назвать совершенной, но по сравнению с «Пунктом А» контраст невероятный. Она восстановила контроль над своей жизнью и сознательно управляет ей.

Теперь Суетливую Сюзанну можно назвать Гораздо Более Счастливой Сюзанной.

Возможно, ваша жизнь совсем не так хаотична, как у нашей героини, но это всего лишь означает, что, взяв на вооружение эти стратегии, вы получите хорошие результаты еще быстрее, чем она.

На этой ноте давайте перейдем к первому шагу в Стратегии раннего утра. Веселье начинается!

ШАГ 1: ОПРЕДЕЛИТЕ ГЛАВНЫЕ ЦЕЛИ В ВАШЕЙ ЖИЗНИ

Грандиозное приключение начинается, когда вы четко определяете, куда хотите отправиться. Возможно, вы осознали, что, как и большинство людей, перемещаетесь от одной цели к другой, не чувствуя связи между ними. В вашей истории нет ни сюжетной линии, ни «красной нити», ни четкой цели.

Лучшие истории (и лучшие жизни) имеют ясный конечный результат. В них есть конкретные миссии, входящие в общую картину. Отдельных целей нет, потому что все они — части грандиозного путешествия.

Пирамида (снизу вверх):
1. Главные цели
2. Квартальная система
3. Опорные привычки
4. Идеальный распорядок
5. Принципы продуктивности
6. Показатели прогресса
7. Уровень профи

Когда я говорю о «главных целях», то имею в виду цели, которые трогают вас за душу. Это понятные амбициозные мечты, которые скоро станут вполне конкретными проектами.

И это не пункты в списке вещей, отложенных на неопределенный срок, потому что в конце жизни эти пункты обычно превращаются в сожаления о не сделанном. Они попадают в категорию «Жаль, что я не…» или «Почему так и не…», которая не имеет отношения к нашему процессу.

ПЛАН ПЕРСОНАЛЬНОЙ ОПТИМИЗАЦИИ (ППО)

Прежде чем составить список главных целей, полезно представить, как будет выглядеть ваша жизнь, когда вы развернетесь на полную мощность.

Итак, для начала составьте План персональной оптимизации (ППО). В него войдут сценарии, условия и/или обстоятельства, при наличии которых ваша жизнь заработает как хорошо смазанный механизм.

- Как выглядит самая продвинутая и лучшая версия вас?
- Что вы делаете?
- С кем вы?
- К чему вы активно стремитесь и над чем работаете изо всех сил?
- Что вы делаете, когда в жизни все идет хорошо?

Когда вы увидите, как выглядит жизнь, в которой у вас все идет хорошо, будет гораздо легче представить, какими именно характеристиками она должна обладать. Вы сможете четко увидеть, какой вам нужен доход, где вы хотите жить, с кем вы дружите, чего достигли и что вызывает у вас энтузиазм.

СОСТАВЬТЕ СПИСОК ГЛАВНЫХ ЦЕЛЕЙ

Итак, пришло время составить список. Подойдите к доске, возьмите блокнот, включите компьютер или возьмите любимые инструменты для мозгового штурма.

Первый список должен быть как можно более длинным. Не сдерживайте себя и не фильтруйте мысли. Пусть каждая из них превратится в жизнеспособную идею. Идею всегда можно будет отбросить, но, фильтруя мысли в голове, вы помешаете себе мечтать.

Не делайте этого. Разрешите себе побыть ребенком, фантазируйте напропалую. Будьте пожарником, принцессой или космонавтом, которым всегда хотели стать. Вот несколько вопросов, которые помогут приступить к составлению списка и четко определить личные цели в вашей личной и профессиональной жизни.

1. Чем вы всегда хотели заняться, но так и не нашли на это времени?
2. Чем вы будете очень гордиться, если получится это завершить?
3. Какие достижения успешных людей, которыми вы восхищаетесь, вам хотелось бы повторить?
4. Как выглядит ваш ППО?
5. Какие вещи одновременно пугают и вызывают у вас радостное возбуждение, когда вы о них думаете?
6. Что вы пытались сделать в прошлом, но не смогли завершить?
7. Если бы у вас были неограниченные финансовые ресурсы, время и деньги, что бы вы попытались сделать?
8. Если бы к вашим услугам был джинн, способный исполнить одно желание, о чем бы вы попросили?
9. Что приносит вам огромную радость, которая только вырастет, если вы выйдете на следующий уровень?
10. Назовите одну вещь, о которой вы думаете прямо сейчас и которую совершенно необходимо внести в этот список.

СЛОМАЙТЕ КНОПКУ «ДРЕМАТЬ»
Ловушки, ошибки и проблемы

Не теряйте веру.

Мы часто призываем детей мечтать о грандиозных вещах, а потом поворачиваемся в другую сторону и отчитываем взрослых, которые так и не выросли. Мечты — не прерогатива шестилеток, которые хотят быть космонавтами, или подростков, мечтающих решить проблему голода во всем мире.

Грандиозные цели возможны для всех, и, когда мы прекращаем верить в собственную способность мечтать, то прекращаем верить и в способности других.

Меня поражает, что для воплощения большинства целей требуются примерно одинаковые усилия. Почему же мы считаем, что наши фантазии — это воздушные замки? Почему признаем, что возможность полететь к звездам существует для других, но не для нас?

Определяя главные цели, не прекращайте верить в собственные способности. Будьте смелее и считайте, что ваши нынешние главные цели слишком скромны — потому что так оно, скорее всего, и есть.

Вы можете сделать больше и лучше.

Одна из моих личных целей — пробежать ультрамарафон на 100 миль (161 км) в городе Ледвилл, что в штате Колородо. Это одна из самых сложных беговых трасс в мире, и, несомненно, одна из самых амбициозных личных целей, какие могут прийти мне в голову.

Кен Клоубер, один из основателей гонки в Ледвилле, сказал: «Вы лучше, чем вы думаете, и можете сделать больше, чем думаете». Это высказывание воплощает дух любой грандиозной цели и особенно процесса целеполагания. Не отказывайтесь от великой мечты просто потому, что никогда не считали себя способным ее воплотить.

РЕЗЮМЕ. СТРАТЕГИЯ РАННЕГО УТРА И ГЛАВНЫЕ ЦЕЛИ

1. Самая продвинутая и лучшая версия вас — это и есть конечная цель. И ранний подъем ускоряет приближение к ней.

2. Стратегия раннего утра — пошаговая система, которая радикально повышает вашу продуктивность и помогает достичь главных целей.

3. Если вы стремитесь к успеху и достижениям и хотите получить помощь, эта стратегия вам подойдет.

4. Определить главные цели очень просто, если вы разрешите себе мечтать, как дети, и отправите свою фантазию к звездам.

ПЛАН ДЕЙСТВИЙ К ГЛАВЕ 4

1. Как вы собираетесь непрерывно развиваться? Как часто вы будете читать лучшие книги в жанре «нон-фикшн», журналы и статьи или посещать конференции, группы взаимопомощи или другие мероприятия для личностного роста, где вы будете сознательно развивать необходимые навыки, силу характера и прочие нужные вам характеристики?

   _____
   _____
   _____
   _____
   _____
   _____
   _____

2. Составьте свой ППО, в который войдут сценарии, условия и/или обстоятельства, при наличии которых ваша жизнь заработает как хорошо смазанный механизм.

   _____
   _____
   _____
   _____
   _____
   _____
   _____

Как выглядит самая продвинутая и лучшая версия вас?
_____
_____
_____
_____

Что вы делаете?
_____
_____
_____
_____

С кем вы?
_____
_____
_____

К чему вы страстно стремитесь и над чем работаете изо всех сил?
_____
_____
_____

Что вы делаете, когда в вашей жизни все идет хорошо?
_____
_____
_____
_____

3. Составьте список грандиозных целей в вашей жизни (и личных, и профессиональных) и укажите, над какими из них вы работаете прямо сейчас.

_____
_____
_____
_____

Главные личные цели:
_____
_____
_____
_____

Главные профессиональные цели:
_____
_____
_____
_____

Главные цели, над которыми я работаю прямо сейчас:
_____
_____
_____
_____

Глава 5
Забудьте о целях на год

Как достичь великих целей прямо сейчас

> Мы ошибочно полагаем, что в году остается много времени, и ведем себя в соответствии с этим убеждением. У нас нет ощущения срочности, мы не осознаем, что важна каждая неделя, важен каждый день, важен каждый момент. В конечном итоге эффективное выполнение работы происходит каждый день и каждую неделю!
>
> *Брайан Моран, соавтор книги «12 недель в году»*

В 1955 году Сирил Норткот Паркинсон, британский политолог и историк, заметил, что «работа занимает все время, отведенное на ее выполнение»[1]. Этот простой принцип известен как Закон Паркинсона, и вынесенные из него уроки могут серьезно повлиять на возможность завершить задачу в нужный срок.

С точки зрения продуктивности это означает, что либо у вас слишком мало времени и вы вынуждены торопиться, либо времени у вас больше чем достаточно, и это приводит к сокрушительной неэффективности.

---

[1] Определение «Parkinson's Law» дано по BusinessDictionary.com, http://www.businessdictionary.com/definition/Parkinson-s-Law.html.

Очень редко случается, что мы выделяем на работу ровно столько времени, сколько необходимо. Большинство людей, на удивление, не способно предсказать, в какие сроки можно справиться с проектом, и, если времени будет больше нужного, оно уйдет целиком.

Но почему это происходит?

Такова человеческая натура. Мы ленивы. Мы мечтаем, чтобы все получалось легко и надеемся, что завтра будем более продуктивны, чем сегодня. Нам кажется, если у нас полно времени на работу над проектом, ее можно отложить на произвольную дату в будущем. Но, к сожалению, сегодня — это завтра с точки зрения вчера. Прямо сейчас мы проживаем наши фантазии из прошлого. Возможно, вчера вы думали, что сегодня у вас будет больше времени, чем оказалось на самом деле, а сегодня считаете, что завтра тоже будет больше времени.

Но на самом деле время конечно. Оно быстро утекает, и для работы над самыми важными целями существует только настоящий момент. Не стоит планировать сильно заранее и верить, что у вас будет масса времени на завершение главных проектов. Нужно поменять свой подход и приступить к работе прямо сегодня.

ПОЧЕМУ ДОЛГОСРОЧНОЕ ПЛАНИРОВАНИЕ НЕ РАБОТАЕТ

Самый распространенный подход к постановке целей выглядит так: раз в год человек садится и записывает свои новогодние обязательства. Это значит, что 1 января вы начинаете работать над проектами, которые, возможно, закончатся не раньше 31 декабря.

И как вас мотивирует дата, до которой остается еще год? Что вы потеряете, если не добьетесь прогресса сегодня, завтра, на следующей неделе или даже в следующем месяце?

У вас не только нет ощущения срочности — вы еще и не знаете, как будет выглядеть этот год. Вы почти или совсем не представляете, какие проекты у вас появятся, какие идеи к вам придут и какие возможности потребуют вашего внимания, энергии, времени и денег.

Главе компании Apple Тиму Куку задали вопрос о плане на 25 лет, который он составил, когда учился в школе бизнеса. Во время интервью спустя четверть века после выпуска у него спросили: «Какое влияние он [25-летний план] оказал на вашу жизнь?»

Вот как ответил Тим:

«[Мой план на 25 лет] выполнялся достаточно точно целых полтора-два года после написания. А далее ни один пункт не совпал с реальностью. Ни один. Урок здесь, по крайней мере для меня, в том, что путь был абсолютно не предсказуем».

Тим Кук — вероятно, один из самых могущественных людей в мире, и он не мог предсказать, где окажется сегодня. Что это говорит о долгосрочном планировании? По большому счету ничего хорошего.

Одна из лучших книг о продуктивности, которую я прочитал в своей жизни, — «Как привести дела в порядок» Дэвида Аллена. Подход Дэвида к продуктивности дает нам феноменальный урок того, как важно правильно смотреть на вещи:

«Я, исходя из практических соображений, советую двигаться снизу вверх. Я учил людей продвигаться в обоих направлениях и могу с уверенностью сказать, что с точки зрения долгосрочной выгоды тот, кто начинал с обретения контроля над текущими проблемами в своей повседневной жизни, а затем переносил акцент на более высокие уровни, никогда не ошибался».

Значит, чтобы решить проблемы на 25 лет вперед, сначала надо решить проблемы на 25 минут вперед. В своей книге Дэвид объясняет, что, когда он помогает клиенту взять под контроль повседневные задачи, тот начинает чувствовать себя гораздо увереннее, позитивнее и оптимистичнее относительно долгосрочного будущего.

Если вы хотите использовать эту методику, чтобы распланировать следующие лет двадцать, начните с плана на несколько часов, потом — на несколько дней и, может быть, даже на несколько недель.

Со временем, когда вы разовьете в себе умение составлять краткосрочное расписание, станет легче планировать и в долгосрочной перспективе. Но, как мы увидели на примере Тима Кука, здесь стоит ожидать убывающей отдачи. Другими словами, возможно, вы сумеете эффективно распланировать следующие 30 дней, но планирование на 30 лет будет гораздо более сложным и во многих отношениях бесполезным. Часто люди боятся долгосрочного будущего, но делают слишком мало в настоящем, чтобы как-то изменить свои обстоятельства.

Спросите себя: «Если я продолжу двигаться по дороге, по которой иду сейчас, где я буду через пять, десять или двадцать лет? Хочу ли я там оказаться?»

Ясность в этом вопросе может возыметь огромное влияние на ваш подход к отдельным повседневным задачам.

ЧТО ВАЖНЕЕ ПРЯМО СЕЙЧАС

Новогодние обязательства и планы на 25 лет не работают, потому что, заглядывая слишком далеко в неконтролируемое будущее, вы формируете ожидания, не соответствующие вашему идеальному «я».

Планируя на годы вперед, вы не отдаете должное своему потенциалу. Вы либо мечтаете о целях, которые настолько недостижимы, что вас парализует страх, либо, в еще худшем случае, о таких обыденных и скучных вещах, на которые уже сейчас не хватает энтузиазма.

Планируя жизнь на много лет вперед, вы часто воображаете идеализированное будущее, лишенное проблем и препятствий, и одновременно игнорируете возможности, которые есть прямо сейчас, в настоящем моменте. Это все равно что светить крошечным фонариком в огромной темной яме. Вы видите небольшое пространство перед собой, а об остальном приходится гадать. Чем дальше простираются ваши планы, тем больше вам приходится фантазировать, чтобы заполнить пробелы. Более того, из-за этого в настоящем вы начинаете слишком много проектов, которые не сочетаются с целями в будущем, и поэтому всегда очень заняты, но не добиваетесь реального прогресса.

Пытаться достичь главных целей в своей жизни, распланировав все на годы вперед, — просто не вариант. Давайте еще раз посмотрим на главные цели, которые вы обозначили в Шаге 1 Стратегии раннего утра (с. 62).

Цели в вашем списке — это потенциальные проекты. Это идеи, фантазии и будущие возможности. Теперь вы преобразите эти концепции в реальность с помощью эффективной системы, которая прояснит, что именно важнее всего в данный момент, и позволит отложить остальное на другое время.

В результате недостатки долгосрочного планирования будут устранены здесь и сейчас, и вы сможете добиться настоящего прогресса в продвижении к самым важным целям.

Итак, представляю вам Квартальную систему.

ШАГ 2: КВАРТАЛЬНАЯ СИСТЕМА

Что произойдет, если прямо сейчас у вас будет только одна крупная цель? Как это изменит вашу жизнь? Будет ли в ней меньше стресса? Больше сосредоточенности?

А что если у вас будет 10 целей? Или 100? Справитесь ли вы с таким объемом работы — сегодня или за целый год?

Я постоянно убеждаюсь, что простота выигрывает всегда. Не бывает такого сценария, когда, добавляя больше задач, я чувствую себя лучше — разве что в моей жизни совсем ничего не происходит.

Скорее всего, ваша жизнь, как и моя, не нуждается в *дополнительных* задачах. Более того, нам нужно радикально их сократить, чтобы остаться на плаву, сосредоточиться и в конечном итоге добиться ощутимого прогресса в наших главных целях.

Сильно упрощенный список главных целей в сочетании со значительно более короткими временными рамками — ваш билет на выход из хаоса. Это более здоровая и продуктивная альтернатива для годовых целей или планов на много лет (или десятилетий).

Квартальная система — второй шаг Стратегии раннего утра, и она настолько проста, насколько кажется таковой. Вместо того чтобы ставить цели на год, вы будете ставить их на квартал.

Теперь вы можете сказать: «Но Джефф, у меня уже есть цели на год и на квартал. Чем эта система отличается от моей нынешней практики?»

Во-первых, если у вас уже есть продуманный письменный план на год, ваши цели разбиты на квартальные этапы и вы

- 7. Уровень профи
- 6. Показатели прогресса
- 5. Принципы продуктивности
- 4. Идеальный распорядок
- 3. Опорные привычки
- 2. Квартальная система
- 1. Главные цели

последовательно выполняете этот план, то вы на световые годы опередили большинство людей. Возможно, мне стоит пригласить вас в соавторы.

Во-вторых, когда я говорю о квартальных целях, то имею в виду подход, который Брайан Моран описывает в своей книге «12 недель в году». Он предлагает считать, что год длится три месяца или один квартал. (Я оперирую кварталами, но вы можете взять любой срок, который позволит вам лучше сосредоточиться. Именно в этом, в конце концов, и есть наша цель.)

На практике это означает, что квартал нужно воспринимать как год и планировать только в его пределах, за исключением крайней необходимости. А в конце текущего квартала надо работать так же напряженно, как вы обычно работаете в конце года из 12 месяцев.

Большинство людей обычно дают новогодние обещания в январе, а потом работают над ними как сумасшедшие в ноябре и декабре, потому что прокрастинировали 10 месяцев. Но если «год» длится 12 недель вместо 12 месяцев, срочность возникает прямо сейчас. Вы вынуждены расставлять приоритеты, быть предельно сосредоточенным и приступать к работе сразу, потому что время уходит.

ОБЩЕПРИНЯТОЕ ДЕЛЕНИЕ ГОДА НА КВАРТАЛЫ

- **1 января — 31 марта**
- **1 апреля — 30 июня**
- **1 июля — 30 сентября**
- **1 октября — 31 декабря**

Меня так и тянет предложить вам выбрать другую продолжительность для своего года — например, два месяца или полгода. Или просто жить только сегодняшним днем, не заглядывая за рамки ближайших суток. Но у Квартальной системы есть особая магия.

Деловой мир оперирует кварталами, и поэтому вам будет легче согласовать сроки завершения работы с коллегами. Кроме того, три месяца — достаточный срок, чтобы взяться за сложные проекты, например, если вы хотите начать собственный бизнес, написать книгу или подготовиться к марафону.

За три месяца может произойти многое, но все же это небольшой промежуток времени, с которым надо обращаться осторожно, чтобы не растратить попусту.

МОЙ ОПЫТ РАБОТЫ С КВАРТАЛЬНОЙ СИСТЕМОЙ

Для меня Квартальная система стала по меньшей мере революционной. Не хочу преувеличивать ее преимущества, но должен сказать, что, когда благодаря ей я упростил свою и так уже очень продуктивную жизнь, все изменилось.

За несколько дней я исключил из списка личных целей больше десятка проектов и сосредоточился всего на четырех. Два из них я закончил за несколько недель, а потом, по мере появления времени, начал медленно добавлять другие.

Я сразу же почувствовал, как система положительно отразилась на моем настрое и как у меня понизился стресс. Я стал лучше контролировать свою жизнь и меньше переживать по поводу ближайшего будущего. Чем больше задач, проектов и целей я исключал из расписания, тем легче было начать работу над вещами, которые требовали максимум внимания.

Это скорее искусство, чем наука, и, конечно, мне пришлось развивать в себе навык отказываться от разных вещей. К целям очень легко привязаться, даже если вы совершенно к ним не приблизились.

До того, как я открыл для себя книгу «12 недель в году», у меня уже была очень похожая система, но без названия. Я начал применять Квартальную систему как персональную программу для достижения целей где-то через полгода после того, как запустил подкаст. Если честно, я ждал слишком долго.

Тогда у меня было безумное количество запланированных проектов. Только в тот год, помимо запуска подкаста, я начал практиковать коучинг, полностью изменил режим питания и фитнеса, начал и закончил короткую карьеру риелтора и перевел веб-сайт на адрес JeffSanders.com (а это безумно сложная задача, если у вас нет никакого опыта в веб-дизайне).

Первый шаг, который я сделал, взяв на вооружение Квартальную систему, — исключил все проекты, кроме абсолютно необходимых. Я отрезал все лишнее, отложил долгосрочные цели, сосредоточился на текущих обстоятельствах и начал выбираться из хаоса, который создал сам.

Секрет любой хорошей системы для повышения продуктивности — простота, и Квартальная система соответствует этому принципу. Я расставил свои идеи в порядке приоритета, отбросил те, которые не относились одновременно к важным и срочным, а затем взялся за проект — первый в моем очень коротком списке.

До появления Квартальной системы я думал, что лучше постоянно браться за новые проекты и за счет этого ощущать рост продуктивности. Теперь я первым готов признать, что стремиться к этому ощущению как к цели просто смешно. Да, его хочется повторить, и поэтому появляется мотивация. Но в результате вы вступаете на скользкую дорожку — начинаете заполнять свой график не слишком важными делами вместо приоритетных, которые действительно меняют вашу жизнь.

Квартальная система позволяет расставить приоритеты и отказаться от бурной деятельности, которая вызывает приятное ощущение продуктивности. Я не хочу сказать, что не стоит к нему стремиться — просто убедитесь, что испытываете его по объективным причинам. В конечном итоге вопросы, на которые надо себе ответить, касаются эффективности, а не эмоций.

- Добился ли я реального, ощутимого прогресса на пути к самым важным целям?
- Сохранял ли я верный курс и избегал ли отвлекающих факторов?
- Использовал ли я по максимуму сегодняшний день?
- Смогу ли я работать эффективнее завтра?

Вычеркивать пункты из длинного списка дел — поверхностный подход к продуктивности. Если придавать значение количеству, а не качеству, это ведет к СЧД — «синдрому чистого дома». Всегда, когда я сознательно хочу уклониться от самых важных дел, я убираюсь в доме. Может быть, это во мне проявляется «личность типа А», которая хочет жить в пространстве, очищенном от хлама, а может — ленивый человек, который хочет заниматься чем угодно, кроме работы, которую действительно стоит делать. По иронии судьбы в самые успешные и продуктивные дни у меня дома царит беспорядок. В «ленивый» день все блестит.

Чтобы извлечь максимум из Квартальной системы, нужно концентрироваться на самых важных вещах, исключая из поля зрения все остальное. Это навык, который необходимо отточить.

КАК НАЧАТЬ РАБОТУ С КВАРТАЛЬНОЙ СИСТЕМОЙ

Квартальную систему очень просто создать, реализовать и поддерживать в течение многих лет. Вот семь шагов, с помощью которых вы сможете ее запустить.

1. Выберите временные рамки

Вы можете произвольно выбрать любые даты, но, вероятно, легче будет придерживаться традиционных рамок, которые использует большинство людей (1 января, 1 апреля, 1 июля и 1 октября). В зависимости от времени, когда вы читаете эти строки, можно приступить прямо сейчас или подождать до начала следующего квартала.

2. Расчистите ежедневник

Вычеркните из ежедневника все возможное, чтобы освободить место для самых насущных главных целей. Вероятно, сначала надо будет завершить текущий квартал, закончив проекты, за которые вы уже взялись.

Например, если в текущем квартале осталось шесть недель, и вы готовитесь к полумарафону и планируете свадьбу, завершите эти два мероприятия и начните с чистой страницы в следующем квартале.

Сейчас идеальное время, чтобы отменить планы, вычеркнуть лишние задачи и начать отказываться от новых приглашений. Как бы трудно ни было отпустить их и сказать «нет», это единственный способ сделать так, чтобы в вашем расписании нашлось место для самых важных целей.

3. Выберите две или три главные цели

Выберите пару целей, на которых вы сосредоточитесь, из списка, составленного в прошлой главе. Возможно, пока вам хватит даже одной. Для меня это однозначно было самым сложным. Выбрать важнейшую (-ие) цель (-и) из десятков или сотен идей крайне непросто, но именно здесь проходит разделительная полоса между успехом и провалом.

Именно сейчас, расчистив в голове место для мыслей и в ежедневнике — для работы, вы увидите, как заработает ваше творческое начало. Если же оставить слишком много целей, вы по-прежнему будете сильно разбрасываться и не заметите особенного прогресса.

Возможно, у вас есть одна или две цели, для достижения которых не хватит квартала. Например, вы собираетесь пробежать марафон и знаете, что на подготовку скорее уйдет от полугода до года. Тогда, как и в случае с обычной годовой целью, разделите ее на этапы и определите, какой из них надо будет завершить к концу квартала.

4. Составьте список следующих действий, планируя работу над целями в обратном порядке

Теперь, когда вы выбрали квартальные цели, пришло время запланировать работу над ними в обратном порядке — с конца квартала и до сегодняшнего дня.

Просто внесите в список все важнейшие задачи, начиная с конца, чтобы точно добиться цели по итогам квартала или даже раньше.

Сейчас необходимо быть как можно более конкретным. Не только сама цель, но и каждый шаг на пути к ней должны быть предельно ясными и не оставлять сомнений по поводу дальнейших действий.

5. Заведите блокнот для целей

Квартальную систему можно организовать с помощью любых инструментов, которые вы сейчас используете. Я порекомендую свои инструменты, но вы вольны применять все, что подходит вам. Я отказался от бумажного документооборота несколько лет назад, и приложение Evernote играет центральную роль в моей системе. Evernote — это цифровое приложение, в котором можно работать с любыми заметками, какие только можно вообразить. Заметки объединяются в «блокноты», которые хранятся в «стопках».

В качестве альтернативы для Evernote можно использовать Google Drive, Microsoft OneNote, обычные блокноты или любую другую систему. Независимо от вашего выбора, вы сможете легко

Пробежать марафон

ПОРЯДОК ДЕЙСТВИЙ

- ☑ 1. ~~Записаться на гонку~~
- ☑ 2. ~~Составить план тренировок~~
- ☐ 3. Встретиться с персональным тренером и обсудить план
- ☐ 4. Купить новые кроссовки
- ☐ 5. Тренироваться каждую неделю
- ☐ 6. Подготовить все необходимое для дня гонки
- ☐ 7. Пробежать марафон _____ (дата)

ОТЧЕТ О ПРОГРЕССЕ

Неделя	Дата	Показатель, контрольная точка или заметка
1	01.04.2017	Записался на гонку
2	08.04.2017	Составил план тренировок
3	15.04.2017	
4	22.04.2017	

запустить, реализовать и контролировать Квартальную систему следующим способом.

Сначала сделайте (или найдите) блокнот и назовите его по текущему кварталу (например, «Цели К1 2017»). Потом создайте в нем заметку или выберите страницу для каждой из главных целей на этот квартал. В первый раздел внесите список «следующих действий», который вы составили на предыдущим этапе. Под ним будет раздел для отчета о прогрессе, где вы будете записывать, чего добились за каждую неделю.

6. Запланируйте следующие действия в ежедневнике и /или приложении

Я вношу все свои задачи, проекты, мероприятия и обязательства в приложение для управления проектами под названием Nozbe. Подробнее я расскажу об этой системе в главе 8 (с. 121). А пока просто хочу отметить, что, когда вы составите список следующих действий, их надо будет внести в ежедневник или специальное приложение и назначить на определенное время.

То есть вы берете действия, необходимые для ваших целей, и делаете их реальными, запланировав на конкретный момент. Как только задание окажется в ежедневнике, оно должно стать обязательством, от которого нельзя отказаться.

Если вы хорошо очистите ежедневник и назначите каждое действие на подходящее время, шансы на успех радикально повысятся. Именно в этот момент вы начнете видеть прогресс, о котором я говорил. И работа покажется удовольствием!

7. Контролируйте свой прогресс еженедельно и ежеквартально

Я подробнее опишу, как отслеживать все свои задачи, проекты и цели в главе 9 (с. 139). А пока дам краткий обзор вещей, которые важно контролировать каждую неделю.

В конце каждой недели и квартала важно увидеть прогресс, которого вы достигли на пути к целям, и обновить отчеты о нем в вашем блокноте.

Затем нужно выбрать следующие шаги по каждой цели для наступающей недели — в зависимости от того, чего вы достигли и сколько времени осталось до конца квартала. Если у вас есть коуч, перед которым вы отчитываетесь, или друг, с которым вы обсуждаете свои цели, это отличный момент, чтобы обсудить с этим человеком ваши достижения.

Также отмечу, что я размещаю еженедельные цели на доске для визуализации (с. 163) в домашнем кабинете, чтобы у меня было зрительное напоминание о вещах, над которыми я работаю. Это помогает мне не сходить с курса в течение недели. Физически существующий список, без сомнения, закрепляет систему, имеющую электронную форму.

ПРИМЕНИТЕ И ПОВТОРИТЕ

В конце каждого квартала у вас будет возможность оценить свой прогресс, отметить, что получилось и что нет, — и начать заново со следующего квартала.

В идеале к этому времени вы добьетесь нескольких главных целей и сможете приступить к новым, которые приобрели важность за прошедшее время. Этот процесс повторяется снова и снова каждые три месяца — и творит чудеса.

Мне было трудно представить, насколько эффективной будет эта система, пока я ее не попробовал. Расчистка ежедневника освежает сама по себе. Когда вы затем вносите в него только те цели, которые имеют для вас значение, и своевременно отслеживаете прогресс на пути к их выполнению, выходит замечательно. Вы не представляете, какого результата сможете добиться. Поверьте мне, это будет феноменально.

СЛОМАЙТЕ КНОПКУ «ДРЕМАТЬ»
Ловушки, ошибки и проблемы

Не утоните в собственных обязательствах.

Легко поставить себе в заслугу успехи, но, когда дело доходит до провалов, выходит наоборот. Показать на себя пальцем, если вы сделали ошибку, не сдали работу в срок или так и не закончили начатое, трудно всегда.

Меня особенно интригует тот факт, что от людей почти невозможно добиться, чтобы они признали чрезмерную занятость результатом их собственного выбора. Мы любим притворяться жертвами и считаем, что быть занятым — это нормально, ожидаемо или, хуже того, неизбежно.

Однако в реальности, если вы слишком заняты, это значит, что вы набрали слишком много обязательств. Вы составили собственное расписание, внесли в него чересчур много проектов и согласились на все заманчивые приглашения — на «счастливые часы» в барах, шашлыки на праздниках и свадьбы с танцами до упаду.

Если вы хотите все изменить, освободить график и не заваливать себя работой, то так и скажите. Откажитесь от следующего приглашения, бессмысленного совещания, вечеринки или мероприятия, из-за которого не будете спать допоздна — в общем от всего, что не позволит использовать ваше время самым полезным и наилучшим способом.

Я не рекомендую вам уволиться, избегать друзей и родственников и пытаться сократить дела до минимума. Однако, чтобы иметь пространство для творчества, которое приведет вас к прорыву, нужно не утонуть в разных обязательствах.

Будьте готовы освободиться от чего-то и сказать «нет». Расчистите свое расписание и начните заполнять его задачами, проектами и целями, которые абсолютно необходимы, чтобы добиться вещей, действительно важных в вашей жизни.

РЕЗЮМЕ. ВАША КВАРТАЛЬНАЯ СИСТЕМА

1. Закон Паркинсона говорит, что, если у нас больше времени, чем необходимо, мы потратим его целиком.

2. Новогодние обязательства и планы на 25 лет непредсказуемы, неэффективны — и никогда не приводят к запланированному результату.

3. Воплощая Квартальную систему, вы сможете сосредоточиться на главных целях — тех проектах, которые окажут

максимальное влияние на вашу жизнь и сейчас, и спустя много лет.

4. Квартальную систему можно начать применять прямо сейчас — для этого понадобится блокнот, ежедневник и клеящиеся листочки. Или используйте цифровые инструменты: Evernote, календарь в «облаке» или приложение для управления проектами.

ПЛАН ДЕЙСТВИЙ К ГЛАВЕ 5

1. Возьмите список главных целей из Главы 4 и выберите две или три, на которых вы сосредоточитесь в этом квартале (или в следующем, если он скоро начнется). Теперь это ваши новые квартальные цели.

   1) _____
   2) _____
   3) _____

2. Расчистите ваш ежедневник или приложение для управления проектами от всех задач и планов, которые напрямую не соответствуют новым квартальным целям.

Календарь будет расчищен _____ (дата)
Приложение будет расчищено _____ (дата)

3. Проанализируйте все квартальные цели и разбейте их на небольшие шаги в вашем любимом приложении для заметок (Evernote, OneNote и др.).

Квартальная цель №1

_____
_____
_____

Первые шаги:

_____
_____
_____

Квартальная цель №2

_____
_____
_____

Первые шаги:

_____
_____
_____

Квартальная цель №3

_____
_____
_____

Первые шаги:

_____
_____
_____

Глава 6
Мощные привычки на всю жизнь

Бодрящие ежедневные ритуалы, которые преобразят тело, разум и душу

> Цепи привычки настолько легки, что их не чувствуешь, пока не становятся настолько тяжелы, что их не разорвешь.
>
> *Сэмюэль Джонсон, английский лексикограф,*
>
> *поэт и критик*

В детстве я зацикливался на разных вещах. Мне всегда надо было быть первым. Я не давал разной пище соприкасаться на моей тарелке и имел очень строгий режим сна.

Как-то раз, в один примечательный пятничный вечер, когда мне было всего девять лет, мы с родителями пошли на матч по американскому футболу между командами старшеклассников из двух школ города. Это был один из эпохальных матчей между закоренелыми соперниками, который ни за что нельзя было пропустить.

Вторая половина игры приближалась к концу, разрыв в счете был небольшим, а напряжение — очень сильным. Зрители на трибунах встали. Я шумел так же, как и все остальные, — кричал, свистел, топал ногами. Но в какой-то момент ближе к концу игры мама взглянула на меня и увидела поразительную картину: я спал стоя.

Минуту назад у меня не было сна ни в одном глазу, кругом бушевал хаос, и тем не менее я умудрился заснуть на ногах ровно в девять часов вечера.

В тот период жизни у меня был самый четкий режим сна из всех моих знакомых. Я был точен как часы: каждый вечер засыпал в девять и вскакивал с кровати в шесть на следующее утро. По мне можно было буквально сверять время.

Эта впечатляющая привычка не сохранилась в годы отрочества, поэтому потом пришлось начинать с нуля. Но, хотя моя нынешняя жизнь мужчины на четвертом десятке сильно отличается от жизни девятилетнего мальчика, сегодня у меня снова есть та же способность.

Отличие только в том, что мне пришлось сознательно ее формировать, целенаправленно выполняя действия, необходимые для развития эффективной, здоровой и продуктивной привычки. И очень важно, что любое повторяющееся ежедневное действие может стать привычкой, которая пристанет как приклеенная.

ПРИВЫЧКИ И КВАРТАЛЬНАЯ СИСТЕМА

Ваши ежедневные действия говорят о вас все. Хорошие они, плохие или просто отвратительные, вы оказались в нынешнем положении именно благодаря привычкам — действиям, которые вы постоянно повторяете и от которых трудно отказаться. Если вы правда хотите знать, где окажетесь через много лет, достаточно посмотреть на ваши самые устойчивые привычки — на действия, которые максимально на вас влияют и которые вы повторили больше раз, чем какие-либо другие.

Привычки — это стержень вашей личности, отношений, здоровья, финансов и карьеры. Они практически сделали вашу жизнь такой, какая она есть. Иными словами, между вами и наиболее продвинутой версией вас стоит единственная вещь — хорошие привычки.

Чтобы сформировать хорошие привычки, необходима *осознанная регулярность* — надо продуманно выбирать эффективные действия, которые вы будете повторять снова и снова, не давая случайно сформироваться плохим привычкам. У нас всегда гораздо больше власти и контроля над нашей жизнью, чем нам кажется, но только если мы действительно об этом думаем.

Как мы обсудили в предыдущей главе, Квартальная система базируется на представлениях о ближайшем будущем. Однако со временем кварталы сложатся в год, два года, пять лет и больше. Привычки, которые вы постоянно практикуете в течение квартала, определят успех на много кварталов (и лет) вперед.

Весь смысл Квартальной системы в том, чтобы вы начали что-то предпринимать и как можно быстрее. Когда вы уже выбрали важные цели и у вас есть ощущение, что их необходимо добиться как можно скорее, станет гораздо легче вскакивать с кровати каждый день и повторять самые необходимые действия.

В конечном итоге, если повторяющиеся ежедневные манипуляции определяют ваши привычки, а привычки определяют будущее, эти действия и есть самый важный элемент, отделяющий вас от достижения грандиозных целей.

Теперь нам понадобится несколько разумно подобранных ежедневных действий, которые вы будете повторять раз за разом — и в результате получите самые мощные, устойчивые, здоровые и продуктивные привычки.

ШАГ 3: ОПОРНЫЕ И СОПУТСТВУЮЩИЕ ПРИВЫЧКИ

На первом этапе Стратегии раннего утра вы составили полный список главных целей, а затем, на втором этапе, сосредоточились на нескольких самых важных с помощью новой Квартальной системы.

Чтобы достичь ваших главных целей, не хватит одной целеустремленности и нескольких рабочих марафонов. По большому счету самый впечатляющий результат дают ежедневные действия.

Третий шаг нашей стратегии — развитие привычек, как опорных, так и сопутствующих, которые вытекают из них.

Закрепив полезные привычки, вы будете щедро вознаграждены. А еще это очень просто — надо только внедрить соответствующее напоминание (его еще называют триггером или сигналом), которое прямо приведет к самой привычке. Наилучшее напоминание — то, которое существует в настоящем и не требует от вас никаких изменений.

Опорные привычки — те, что уже сформированы. Это действия, которые вы уже совершаете, и самое прекрасное, что из них естественно вытекают другие привычки, которые я называю сопутствующими. Например, опорой может послужить чистка зубов, которая естественно приводит к использованию зубной нити (вы уже находитесь в нужное время в нужном месте, и у вас есть подходящие ресурсы).

Пирамида уровней:
7. Уровень профи
6. Показатели прогресса
5. Принципы продуктивности
4. Идеальный распорядок
3. Опорные привычки
2. Квартальная система
1. Главные цели

Хотя опорные привычки, как правило, у вас уже есть, можно создать новые, изменить старые или убрать бесполезные.

Существуют три ключевые опорные привычки, которые абсолютно необходимы, чтобы успешно использовать Стратегию раннего утра. Вероятно, в той или иной форме они уже присутствуют в вашей жизни. Если нет, то у вас есть шанс пересмотреть свой режим дня.

Первая опорная привычка — просыпаться, имея план. Как мы уже обсуждали в этой книги, насколько рано вы подниметесь — это очень субъективно. Однако намерение, с которым вы заводите будильник, вполне объективно. Просыпаясь с планом, вы плавно переходите к соблюдению идеального внутреннего распорядка, состоящего из сопутствующих привычек.

Иными словами, одно тщательно выбранное действие (опора) приводит к другим тщательно выбранным действиям (сопутствующим привычкам), которые могли бы и не случиться, если бы опоры у вас не было.

Скажем, обычно вы встаете в последнюю минуту, мечетесь по дому и уходите на работу без письменного плана. Применяя методы из Стратегии раннего утра, вы просыпаетесь рано и эффективно планируете начало дня благодаря нескольким мощным привычкам. В прошлой жизни вы никогда не успевали помедитировать, почитать или сделать физические упражнения, но с появлением новой опорной привычки у вас найдется время на все вещи, которые вы упускали.

Вторая опора — физические упражнения. Некоторые люди фанатично тренируются, а другие жалеют о деньгах, потраченных на абонемент в фитнес-клуб, которым они так и не воспользовались. Хотя я не так последователен в этом отношении, как мне бы хотелось, фитнес определенно относится к моим приоритетам, и я рекомендую его как неотъемлемую составляющую Стратегии раннего утра. Физические упражнения — это фундаментальный инструмент, позволяющий добиться здоровья и продуктивности.

Будучи опорной привычкой, физкультура тянет за собой сопутствующие здоровые привычки. Я знаю, что если я побегаю с утра, то заодно и позанимаюсь йогой, повишу вверх ногами в гравитационных ботинках (кстати, это очень здорово), съем полезный завтрак и приму душ перед работой.

Физические упражнения помогают заботиться о себе, правильно питаться и соблюдать гигиену и в целом очень благотворно влияют на здоровье, поскольку улучшают вашу физическую форму.

Третья ключевая опорная привычка — начало рабочего дня. Да-да, просто выйти из дома и войти в офис — крайне важная составляющая процесса. Несмотря на очевидность этого утверждения, давайте посмотрим, почему просто прийти на работу — такая эффективная стратегия.

Что вы делаете, когда приходите на работу? Полагаю, начинаете работать. С другой стороны, чем вы занимаетесь, когда остаетесь дома? Это может быть что угодно, помимо работы.

Размышляя, как сделать начало рабочего дня опорной привычкой, подумайте и о сопутствующих, которые будут естественно из нее вытекать, — это могут быть ответы на электронную почту, посещение совещаний, завершение крупного проекта и все остальное. Откладывая приход в офис, вы также откладываете или отбрасываете все важнейшие сопутствующие привычки, которые последовали бы за ним.

Вам нужна завязка для интересной истории или петля, поворачивающая тяжелую дверь, — в общем, подойдет любая метафора, где одно ключевое действие ведет ко многим другим, и очень важным. Успешное применение нескольких ключевых привычек каждый день окажет огромный эффект на все остальные задачи, которые станут доступными после этого.

Если вы корили себя за пренебрежение какими-то важными делами, возможно, подходящая опорная привычка и обеспечит разницу между успехом и неудачей.

ПРИВЫЧКИ УСПЕШНЫХ ЛЮДЕЙ

Теперь, когда я описал три опорных действия (просыпаться рано с планом на день, тренироваться и приступать к работе), давайте обсудим самые здоровые и продуктивные привычки, которые широко применяют и высокоэффективные люди, и те, кто привык рано вставать. Мы еще обсудим стратегии, позволяющие повысить производительность, в главе 8 (с. 121), а пока — вот привычки, которые создают основу для очень результативного дня.

Для своего подкаста я взял десятки интервью у очень успешных людей, среди которых были Дин Карнасис[1], Дэвид Аллен, Боб Проктор[2], Рич Ролл[3] и многие другие — и спросил у каждого об их самых эффективных повседневных привычках. И одни и те же привычки упоминались раз за разом почти в каждой беседе. Высокопродуктивные люди не теряют время зря, и, если привычка становится их приоритетом, это значит, что благодаря ей можно получить феноменальный возврат на вложения.

Этот список далеко не полон, но в нем отобрано лучшее из лучшего. Если позже у вас появятся сомнения, возвращайтесь к основам и прорабатывайте этот список так часто, как только можете.

1. Бодро вскакивайте с кровати рано утром

Как вы уже догадались, высокопродуктивные люди рано встают, а те, кто рано встают, очень продуктивны. Я повторяю эту мысль в разных формулировках, потому что хочу подчеркнуть, насколько часто успешные люди относятся к «жаворонкам». Не каждый продуктивный человек заводит будильник на пять утра, но многие поступают именно так. Это доведено у них до автоматизма.

2. Пейте воду так, словно вы живете в пустыне

Уже много лет я встаю и выпиваю литр воды — и многие продуктивные люди поступают так же. После многочасового сна тело, скорее всего, обезвожено и жаждет воды.

Несколько лет назад я ввел привычку выпивать литр воды перед утренним эспрессо. Я люблю прилив энергии от кофеина,

---

[1] Дин Карнасис — известный американский ультрамарафонец, автор книги «Откровения ультрамарафонца, который бежал всю ночь» (Ultramarathon Man: Confessions of an All-Night Runner). (*Прим. ред.*)

[2] Боб Проктор — мотивационный оратор, автор книг по личностному росту. (*Прим. ред.*)

[3] Рич Ролл — известный спортсмен, ультрамарафонец, консультант по здоровью, автор книги «Ультра» (Finding Ultra). (*Прим. ред.*)

и когда назначил себе его в награду за выпитую воду, эта привычка быстро закрепилась.

3. Спокойные моменты необходимы

Несомненно, многие продуктивные и успешные люди, если не большинство, включают некую форму медитации, молитвы и / или позитивных утверждений в свой утренний распорядок. Хотя очевидно, что это три разные привычки, у них есть нечто общее: спокойствие и умственная концентрация на чем-то положительном и вдохновляющем. Такова и есть цель, и она творит чудеса.

4. Фрукты на завтрак

Каждое утро я выпиваю двухлитровый зеленый смузи (фруктовый коктейль с листовыми овощами) на завтрак. Так я начинаю свой день уже несколько лет, и не могу представить себе лучшего варианта. Успешные люди придают качественному питанию большое значение и вносят полезный завтрак в утренний распорядок. Он обеспечивает мозгу, телу и душе питательные элементы, необходимые для бодрости.

Когда мне было около двадцати пяти лет, я радикально сменил образ жизни на более здоровый и перешел с переработанных и приготовленных продуктов животного происхождения на веганство и сыроедение, сократив количество жиров.

Думаю, что мой режим питания подойдет не всем, однако он сыграл огромную роль для моего чуда раннего утра. Как я уже говорил, большая порция зеленого коктейля — неотъемлемый элемент моего утреннего распорядка, потому что, когда мы начинаем есть большое количество овощей и фруктов — свежих, зрелых, не подвергнутых тепловой обработке и выращенных без химикатов, — это буквально меняет нашу жизнь. У нас становится больше энергии, оптимизируется пищеварение, снижается вес и радикально улучшается физическая форма. Ввести в свой рацион как можно больше пищи, взятой прямо у матери-природы, — одна из самых здоровых привычек, какие только можно вообразить.

5. Впитывайте развивающую и вдохновляющую информацию

Двух мнений здесь быть не может. Не могу представить успешного человека, который не включает в свой день те или иные элементы, способствующие личностному росту. Потребление качественной информации — от аудиокниг и подкастов во время пробежки до чтения книг, блогов и вдохновляющих текстов за утренним кофе — абсолютно необходимо для продуктивной жизни. Я называю время, выделенное на персональное развитие, «утренним мастер-классом». В этот промежуток я прочесываю материалы в поисках вещей, которые могу воплотить в течение дня, — и всегда нахожу их.

6. Разгоните кровь

Даже 10 минут утренней зарядки абсолютно нельзя ничем заменить. Некоторые высокопродуктивные люди практикуют довольно экстремальный подход к фитнесу, но большинство старается получить максимальный результат за минимальное время. Для этого прекрасно подойдет ВИИТ (высокоинтенсивный интервальный тренинг)[1]. Это отличная стратегия для всех, кто торопится. Короткие и очень интенсивные упражнения чередуются с короткими же перерывами, и на тренировку может хватить несколько минут. Помимо бега, это мой любимый вид фитнеса.

7. Придавайте большое значение планированию дня

Если бы меня спросили, какую продуктивную привычку я порекомендовал бы прежде всего, то я назвал бы эту. Планирование дня заранее — это, несомненно, самый лучший способ, который гарантирует, что вы используете свое время с максимальной отдачей.

Даже с учетом отвлекающих факторов, которые обязательно возникнут, планирование дня с самого утра дает вам преимущества и стремительно повышает шансы на успех.

---

[1] *Англ.* HIIT — high-intensity interval training. (*Прим. пер.*)

ПОДЧИНЯЕМ ЕЖЕДНЕВНЫЕ ДЕЙСТВИЯ ГЛАВНЫМ ЦЕЛЯМ

Помня о списке выше, вернитесь к главным целям на этот квартал и определите, какие привычки лучше подойдут для вашего повседневного распорядка. В идеале среди них должны быть здоровые привычки (фитнес, медитация и т.п.) и продуктивные привычки (те, которые прямо ведут к достижению вашей цели).

Например, если вы хотите купить новый дом, можно каждое утро смотреть дома, которые появляются в продаже. Если вы хотите поступить в магистратуру или аспирантуру, можно ежедневно заниматься подготовкой документов. Какова бы ни была ваша цель, разбейте ее на ключевые привычки, которые дадут максимальный результат в долгосрочной перспективе.

В следующей главе мы составим ваш идеальный утренний распорядок. У вас появится шанс запланировать и реализовать как опорные, так и сопутствующие привычки, которые окажут максимальное влияние на вашу жизнь и ваши главные цели.

СЛОМАЙТЕ КНОПКУ «ДРЕМАТЬ»
Ловушки, ошибки и проблемы

Придерживайтесь выбранных границ.

Когда мы осознаем, что в нашем распоряжении масса отличных вариантов, обычно хочется делать все сразу — открывать все двери, следовать каждому озарению и хвататься за каждую представившуюся возможность.

К сожалению, в сутках всего 24 часа, и при всех замечательных, здоровых и продуктивных привычках, которые можно завести, ни вы, ни я не способны сделать все.

Вот почему так важно устанавливать границы. Кроме вечернего порога в восемь вечера, я каждый день назначаю дополнительные границы. Например, составляя список задач каждое утро, я фиксирую временные рамки для всех ключевых занятий, которые в них нуждаются.

Очевидно, к ним относятся вечерний распорядок, встречи и обязательства, связанные с другими людьми. Кроме того, я ограничиваю во времени утренний распорядок, ежедневные тренировки и приемы пищи. Я устанавливаю себе конкретные сроки всегда, когда это уместно и необходимо. Без этих ограничений я бы гонялся за всеми зайцами и нажимал на все интересные ссылки. Временные рамки дают структуру, которая позволяет сосредоточиться на целях, требующих нашего внимания, в то время как все остальное можно отложить на другой день — или просто отбросить.

РЕЗЮМЕ. ОПОРНЫЕ И СОПУТСТВУЮЩИЕ ПРИВЫЧКИ

1. Сознательно выбирайте положительные привычки и не позволяйте плохим привычкам случайно закрепиться в вашей жизни.
2. В конечном счете способность (или неспособность) достичь главных целей зависит от того, что вы делаете каждый день.
3. Опорные привычки — это ключевые действия, которые естественно приводят к сопутствующим привычкам.
4. Три ключевых опорных действия — проснуться с планом на день, заняться физкультурой и прийти на работу.
5. Среди самых здоровых и продуктивных привычек успешных людей — рано вставать, пить много воды, обязательно выделять себе спокойное время, съедать здоровый завтрак, потреблять развивающую информацию, заниматься физкультурой и заранее планировать день.

ПЛАН ДЕЙСТВИЙ К ГЛАВЕ 6

1. Какие закрепившиеся у вас нездоровые или непродуктивные привычки вам хотелось бы поменять на здоровые и продуктивные?

1) _____

2) _____

3) _____

2. Теперь привяжите ежедневные действия к ситуации в целом. Запишите самые важные привычки для достижения текущих главных целей.

Текущая главная цель № 1:

_____
_____

Ежедневные привычки, которые приведут прямо к достижению этой цели:

1) _____

2) _____

3) _____

Текущая главная цель № 2:

_____
_____
_____

Ежедневные привычки, которые приведут прямо к достижению этой цели:

1) _____

2) _____

3) _____

Текущая главная цель № 3:
Ежедневные привычки, которые приведут прямо к достижению этой цели:

1) _____
2) _____
3) _____

3. Определите, когда именно вы будете повторять ключевые опорные и вытекающие из них сопутствующие привычки и что надо сделать, чтобы это происходило регулярно.

Опорная привычка 1: подъем
Подъем: _____
Что нужно сделать, чтобы просыпаться в это время каждое утро:

1) _____
2) _____
3) _____

Сопутствующие привычки, вытекающие из своевременного подъема (медитация, чтение и т. п.):

1) _____
2) _____
3) _____

Опорная привычка 2: фитнес
Время тренировки:
Что нужно сделать, чтобы регулярно заниматься физкультурой:

1) _____

2) _____

3) _____

Сопутствующие привычки, вытекающие из регулярных занятий физкультурой
(более здоровое питание, лучше гигиена и т.п.):

1) _____

2) _____

3) _____

Опорная привычка 3: приступать к сосредоточенной работе
Время, когда я приступаю к сосредоточенной работе:
Что нужно сделать, чтобы приступать к сосредоточенной работе в это время каждое утро:

1) _____

2) _____

3) _____

Сопутствующие привычки, вытекающие из готовности к работе
(выше концентрация внимания, больше энергии и т.п.):

1) _____

2) _____

3) _____

Глава 7
Составьте идеальный распорядок на утро и вечер

Как запланировать, воплотить и повторить лучший день в вашей жизни

> Заведённый порядок действий у умного человека — признак целеустремлённости.
>
> *Уистен Хью Оден, поэт*

Одни воспоминания со временем блекнут, а другие настолько реалистичны, что ваши эмоции остаются такими же интенсивными, как в день, когда вы их пережили. Я и сейчас живо ощущаю ледяную воду на лице — папа направил на меня распылитель, и, обрызгав, пробудил к реальности.

Так я обычно просыпался в старших классах. У меня был будильник, но я привык нажимать кнопку «Дремать» и снова засыпать — так быстро, что потом я напрочь забывал о его звонке. Поэтому папа начал будить меня разными способами, но единственный, от которого меня до сих пор пробирает до костей, — ледяная вода.

Это тоже метод вскочить с кровати, просто не идеальный. Резко проснувшись, я несся в ванную, натягивал мятую одежду, поглощал тарелку хлопьев с молоком, выбегал из дома и ехал к первому уроку, серьезно превышая ограничение скорости[1]. Я добавлял безумия в свою жизнь, каждый день имитируя эвакуацию при урагане, как будто это была учебная тревога — можно подумать, в школе мне недоставало стресса.

Годы спустя я понял, что утро может быть другим и что это возможность целенаправленно начать день. Драгоценные часы на рассвете сложились в действительно идеальный сценарий. За короткое время я понял, как оптимально организовать утро, вечер и даже неделю.

ШАГ 4: ИДЕАЛЬНЫЙ РЕЖИМ

К этому моменту благодаря Стратегии раннего утра вы установили главные цели в своей жизни, сократили список до нескольких квартальных целей и определили ключевые опорные

7. Уровень профи
6. Показатели прогресса
5. Принципы продуктивности
4. Идеальный распорядок
3. Опорные привычки
2. Квартальная система
1. Главные цели

---

[1] В США водителям-новичкам в возрасте до 18 лет выдаются ученические права, фактически соответствующие обычным. (*Прим. ред.*)

и сопутствующие привычки, которые будут двигать вас вперед. Теперь надо внести выбранные привычки в график, составив идеальный утренний и вечерний распорядок, а также идеальную неделю.

Привычки, ритуалы и распорядок

Прежде чем перейти к конкретным признакам идеального расписания, давайте разберемся, в чем разница между привычками, ритуалами и распорядком — тремя понятиями, которые часто путают, рассуждая на подобные темы.

Как мы обсуждали в предыдущей главе, привычка — это повторяющееся действие, доведенное до автоматизма. Главное свойство сильных привычек, как хороших, так и плохих, в том, что от них трудно избавиться. Привычки можно формировать сознательно, но применяться они могут неосознанно. Полезные привычки лежат в основе оптимального утреннего распорядка, потому что со временем лучше довести важнейшие действия почти до автоматизма.

Чем больше нужно думать о своих действиях, тем больше времени можно потерять, переходя от одного к другому. Возможно, вы вообще отговорите себя от этих привычек. Однако, если они доведены до автоматизма, утро проходит особенно гладко.

Ритуал — это церемония, состоящая из нескольких действий, которые производятся в предписанном порядке, например, церковная служба, свадьба или похороны.

Обычно у ритуалов есть следующие свойства:

1. Они связаны с религией.
2. Порядок действий закреплен и не может меняться.
3. Каждое действие имеет глубокое значение и выполняется с определенной целью.

Наконец, распорядок — это последовательность действий, которая выполняется регулярно, или что-то вроде фиксированной программы. Например, многолетний набор физических упражнений, одна и та же дорога домой с работы или покупка одинаковых предметов одежды каждый год.

Обычно для распорядка характерны следующие свойства:
1. Он не связан с религией.
2. Порядок действий *может* меняться.
3. Действия не вызывают эмоций и не обладают особым смыслом и поэтому могут казаться бездушными или отчужденными — как будто их выполняете не вы, а кто-то другой.

В этой книге я буду называть утренние действия распорядком, потому что не ассоциирую его с религией, порядок действий может измениться и вы сами решаете, сколько эмоций и смысла он несет.

Не бойтесь, что привычки станут слишком скучными или бездушными. Вы можете в любой момент уничтожить всю систему и снова построить ее с нуля. Я делаю это много раз в году по мере того, как меняются периоды в жизни и приоритеты. Разнообразие — главный ингредиент. Можно использовать его каждое утро, а можно просто менять распорядок, если он устареет.

ЗАПЛАНИРУЙТЕ ИДЕАЛЬНУЮ НЕДЕЛЮ

Чтобы подробно описать идеальное утро, сначала надо подробно обрисовать более общую картину — идеальную неделю. Впервые я узнал о понятии идеальной недели от Майкла Хайятта, мастера продуктивности. Оно базируется на представлении, что неделя может пройти почти безупречно от начала и до конца.

Эта мысль может показаться далекой от реальности, но в том все и дело. Идеальная неделя — это модель, по которой вы можете сформировать свою жизнь. Если запланировать безупречную неделю, включив все основные события, повторяющиеся встречи и регулярные действия, то получится образец, который можно (по крайней мере теоретически) повторять снова и снова.

Это реально, если ваши недели проходят примерно одинаково. Если у вас другой случай, ниже я расскажу, что делать.

Самое главное здесь — посмотреть в будущее. Если вы целенаправленно опишете, как может выглядеть ваша жизнь, то с большой вероятностью будете действовать по этой модели. Если вы знаете, что запланировали конкретные сроки, здоровые привычки и продуктивные встречи на всю неделю, то со временем обязательно достигнете больше целей, чем если бы этого не сделали.

Сейчас мы начнем формировать идеальную неделю. Это шанс придумать, как может выглядеть ваша жизнь — хотя бы в виде идеализированной схемы. Ее стоит строить как реалистичное отражение ваших обычных действий, но с добавлением амбициозных целей, которые вы, возможно, не воплотили бы без этой модели.

1. Скачайте шаблон

На следующей странице приведен пример таблицы для идеальной недели. Он основан на шаблоне, который можно скачать на моем веб-сайте в разделе The 5 AM Studio (http://jeffsanders.com/studio). Его нужно менять и настраивать под свое уникальное расписание.

2. Выберите модель

Существует два шаблона для идеальной недели: постоянный и нерегулярный. Постоянная модель отражает расписание, которое почти не меняется от недели к неделе, а нерегулярная подойдет для расписания, которое существенно варьируется.

Если ваш график почти не меняется, можно использовать приведенный шаблон. Если он нерегулярный, есть несколько вариантов. Первый вариант — составить модель идеальной недели, основанную на длительных действиях, от которых можно так или иначе отталкиваться (сон, работа и т. п.). Этот вариант будет похож на модель для регулярного графика, только гораздо менее подробную.

Второй вариант для нерегулярного графика — сделать список вместо графика или таблицы. Он позволит контролировать происходящее, обходясь без жестких временных рамок. Такая модель требует гораздо больше гибкости и спонтанности, но она оставляет массу возможностей довольно много сделать за день.

Третий вариант — создать структуру и превратить нерегулярное расписание в постоянное. Из-за работы и прочих обязательств может быть сложно, но не исключено, что именно так вы сможете обеспечить постоянство там, где его никогда не было.

Время/Дата	ИДЕАЛЬНАЯ НЕДЕЛЯ		
	Пн	Вт	Ср
05.00–05.30	Идеальный утренний распорядок	Идеальный утренний распорядок	Идеальный утренний распорядок
05.30–06.00			
06.00–06.30			
06.30–07.00			
07.00–07.30			
07.30–08.00			
08.00–08.30			
08.30–09.00			
09.00–09.30	Приоритетные проекты	Приоритетные проекты	Приоритетные проекты
09.30–10.00			
10.00–10.30			
10.30–11.00			
11.00–11.30			
11.30–12.00			
12.00–12.30	Обед	Обед	Обед
12.30–13.00			
13.00–13.30	Проекты	Проекты	Проекты
13.30–14.00			
14.00–14.30			
14.30–15.00			
15.00–15.30			
15.30–16.00			
16.00–16.30			
16.30–17.00			
17.00–17.30	Идеальный вечерний распорядок	Идеальный вечерний распорядок	Идеальный вечерний распорядок
17.30–18.00			
18.00–18.30			
18.30–19.00			
19.00–19.30			
19.30–20.00			
20.00–20.30			
20.30–21.00			
21.00–21.30	Сон	Сон	Сон

ИДЕАЛЬНАЯ НЕДЕЛЯ			
Чт	Пт	Сб	Вс
Идеальный утренний распорядок	Идеальный утренний распорядок	Сон	Сон
		Распорядок выходного дня	Распорядок выходного дня
Приоритетные проекты	Приоритетные проекты		
Обед	Обед		
Проекты	Проекты		
			Еженедельный контроль
Идеальный вечерний распорядок	Развлекательное мероприятие		Идеальный вечерний распорядок
Сон	Сон	Сон	Сон

Чтобы придерживаться регулярного расписания, необходимо сознательно поставить рамки. Например, можно установить сроки начала и окончания для действий, которые вы раньше оставляли неструктурированными, или запланировать встречи с другими людьми, чтобы вы ощущали необходимость сделать работу как можно скорее. Найдите любые средства, чтобы в вашем расписании одна неделя предсказуемо перетекала в другую.

3. Сначала положите «крупные камни»

В известной книге «Семь навыков высокоэффективных людей» Стивен Кови порекомендовал сначала заполнять график «крупными камнями» — мероприятиями, которые нельзя перенести, а также проектами и заданиями, для которых есть конкретные ограничения по времени. Это может быть ежедневная работа, богослужения, еженедельные фортепианные уроки или любые другие обязательства, от которых вы не готовы отказаться в ближайшее время.

4. Заполните промежутки «более мелкими камнями»

Когда крупные камни займут свое место, добавьте «более мелкие» — приоритеты второго порядка, обычно не имеющие привязки ко времени. Это могут быть ежедневные занятия физкультурой, всякие повседневные дела или важные привычки, от которых вы не хотите отказываться.

На этом этапе шаблон должен быть полностью расписан. Пустые места нужно либо заполнить действиями, либо оставить в качестве резерва. Сознательно выделить место для маневра — отличная стратегия, ведь жизнь не всегда идет по плану даже в идеальную неделю.

5. Еженедельно пересматривайте ваш шаблон

Я подробно опишу процесс еженедельного контроля в главе 9 (с. 143). А пока достаточно запланировать возвращение к шаблону каждую неделю. Таким образом вы сможете внести необходимые изменения, которые позволят не сбиваться с курса.

ИДЕАЛЬНАЯ НЕДЕЛЯ ОПРЕДЕЛЯЕТ ЕЖЕДНЕВНЫЕ ДЕЙСТВИЯ

Время, назначенное для определенных действий в шаблоне идеальной недели, задаст границы для утреннего и вечернего распорядка. Например, если вы выходите на работу в 8.30 утра и планируете проснуться в 6.30, значит, у вас будет два часа на утренний распорядок.

Посмотрите, сколько времени у вас выделено на ежедневные действия. От этого зависит, на какие привычки у вас хватит времени, а на какие нет.

ЧЕТЫРЕ ТИПА УТРЕННЕГО РАСПОРЯДКА

Раньше у меня был один продуманный утренний распорядок, который я приспосабливал к изменениям в своем графике. В большинстве случаев это работало хорошо, но скоро я понял, что все же система не идеальна. Я снова взялся за маркер и попытался определить, что было не так с моим подходом. В результате я обнаружил, что обходиться только этим распорядком я не могу, потому что он недостаточно гибок.

Для каждой разновидности вашего расписания — рабочих дней, выходных дней, каникул, дней, когда у вас есть дела рано утром, спонтанных дней и прочей непредвиденной кутерьмы, которая происходит в жизни без предупреждения, — должен существовать свой вариант утреннего распорядка.

Единственный вариант не подходит для гибкого графика и не позволяет учитывать изменения, которые возникают в последний момент. Много лет в своем подкасте я описывал два вида распорядка — для типичного рабочего дня (когда надо быть в офисе в определенное время) и для выходных (когда расписание более гибкое). Но проблема в том, что типичные рабочие дни обычно не типичны. Как правило, они отличаются друг от друга.

Многим людям не надо приходить в офис в одно и то же время с понедельника по пятницу, но даже если и надо, их расписание до и после работы все время меняется. Мы живем в переменчивом мире, и гибкое расписание, которое можно гнуть и лепить, как нам нужно, необходимо нам не меньше, чем структура, которая будет держать все вместе, не давая жизни превратиться в беспорядочную смесь импульсивных решений.

Пытаясь справиться с этой дилеммой, я создал четыре специфических разновидности идеального утреннего распорядка — ими можно пользоваться в зависимости от того, сколько времени у вас есть и как выглядит оставшаяся часть дня. Возможно, вам потребуется больше четырех — это зависит от того, сколько предсказуемых переменных входит в число ваших обязательств. Я рекомендую составить утренний распорядок для каждой разновидности графика, которая регулярно повторяется в вашей жизни.

Я обнаружил, что выбирать тип распорядка для следующего дня лучше накануне вечером. Просыпаться и определять, как должно пойти утро, не стоит. Решите заранее, а потом пройдите все шаги выбранного плана.

1. На бегу

Это быстрая версия, подходящая для дней, когда вам едва хватает времени почистить зубы. В такие дни я делаю необходимый минимум — стараюсь встать и выйти из дома как можно скорее, надеясь успеть меньше чем за час. Используйте этот вариант по необходимости. Не стоит привыкать к сокращению утреннего распорядка — это приведет к совершенно не нужному стрессу и пропуску ключевых привычек.

2. Перед офисом

Это самый распространенный тип распорядка. Вероятно, вы будете использовать его чаще всего перед выходом на работу. Мой вариант длится от двух до трех часов, и этого как раз хватает на несколько ключевых привычек, которые значат больше всего для моего дня. Обычно сюда входят несколько минут чтения, быстрая зарядка и любимый зеленый смузи.

3. Не спеша
Это отличный вариант для выходного (или нерабочего) дня, когда у вас есть сколько угодно времени на любимые привычки. Можно выделить время на физические упражнения, медитацию, чтение, записи в дневнике или любые другие вещи, которые вы забросили в последнее время. Моя разновидность этого процесса занимает от трех до пяти часов. В это время я обычно устраиваю длинную пробежку или выделяю один-два часа на книгу, которую читаю в этот момент.

4. По обстоятельствам
Возможно, у вас возникнет ситуация, когда расписание будет вообще не похоже на то, что я сейчас описал. Например, нужно будет рано выехать в аэропорт, в первый раз отвести детей в школу или сходить к зубному до начала рабочего дня. Для такого необычного утра нужно будет создать особый распорядок, который гарантирует, что вы будете готовы к любому развитию событий.

СОЗДАЙТЕ ИДЕАЛЬНЫЙ УТРЕННИЙ РАСПОРЯДОК

Момент настал! Не забывая о четырех типах, пройдите семь шагов к созданию идеального утреннего распорядка и воплотите чудо раннего утра в своей жизни.

1. Откройте блокнот, ежедневник или приложение
Ежедневный распорядок в самой простой форме — это просто список действий. Каждое утро, проходя по этому списку, вы помечаете каждый пункт, как только его завершите. Планируя утренний распорядок, я всегда начинаю со списка в Evernote. Там я довожу

его до совершенства, а потом переношу в ежедневник и приложение по управлению проектами.

Не важно, какую систему вы используете, — главное, чтобы в нее легко было вносить изменения и дополнения.

2. Создайте идеальный вечерний распорядок

Лучший утренний распорядок начинается накануне вечером. Каждый вечер записывайте список действий, который вы хотите завершить на следующее утро.

Как правило, вечерний распорядок гораздо гибче утреннего, потому что в течение дня расписание обычно существенно меняется. Однако в связи с этим еще важнее структурировать свой вечер с помощью четких рамок — это поможет сделать вашу систему устойчивой в долгосрочной перспективе.

Без четкой вечерней границы вы, вероятно, будете бодрствовать дольше, чем планируете и в результате не выспитесь или не встанете по будильнику. В любом случае ваш утренний режим нарушится с самого начала.

Есть несколько ключевых рекомендаций, которые помогут составить наилучший вечерний распорядок:

1. Установите четкий срок, когда вы закончите работу на день и начнете готовиться ко сну.
2. Пересмотрите задачи на следующий день в календаре и приложении.
3. Уберите все на место, включая материалы для работы и личные вещи в доме (этот шаг — часть процесса «Нулевое равновесие», который мы обсудим на с. 130 в следующей главе).
4. Заведите будильник (-и) на следующий день (я использую несколько, чтобы гарантированно встать).
5. Выключите яркие экраны (компьютеры, телефоны, планшеты и т. п.) примерно за час до отхода ко сну.
6. Почитайте художественную литературу или послушайте аудиокнигу, чтобы перейти в более расслабленное состояние.

7. Создайте себе идеальные условия для сна, чтобы уснуть быстрее и легче (прохладный воздух, темная комната, удобная постель и т. п.).

3. Приведите утренний распорядок в соответствие с главными целями

В предыдущей главе мы обсудили, как привести повседневные действия и привычки в соответствие с главными целями. Возможно, лучше всего назначить эти действия на раннее утро и сделать частью утренней программы. Планируя идеальный утренний распорядок, обязательно отдайте приоритет привычкам, которые ведут к достижению главных целей.

Это ключ, который «заводит» всю систему. Можно проснуться рано и уделить внимание случайным привычкам, которые доставляют вам удовольствие, но, если не забывать о главных долгосрочных целях, можно сознательно запланировать конкретные действия, которые сами по себе подтолкнут вас прямо к результатам. Это «клей», на котором держится Стратегия раннего утра.

Например, если вас интересует триатлон, рано утром можно пойти поплавать, а если вы собираетесь в Бразилию — в течение часа учить португальский. Работая над этой книгой, я выделял в утреннем распорядке блоки времени конкретно на нее. Я планировал первые часы дня так, чтобы у меня было время на самую важную цель.

Целенаправленные, здоровые и продуктивные привычки, приведенные в соответствие с главными целями и последовательно выполняемые ранним утром, создают необходимую основу, которая позволяет победить ваш день еще до завтрака.

4. Обеспечьте себе заряд энергии

Главная цель моего утреннего распорядка — обеспечить себе заряд бодрости на день. У меня есть много методов, которые позволяют добиться этой цели, — например, выпить литр воды и двойной эспрессо, заняться физическими упражнениями и выпить большой зеленый смузи на завтрак.

Когда я стал уделять внимание способам взбодриться, это повлияло на мою продуктивность сильнее, чем любая другая отдельно взятая стратегия. Больше энергии — значит, больше продуктивности, а больше продуктивности — значит, больше достигнутых целей.

5. Составьте утренний распорядок по примеру успешных людей

Как мы говорили в предыдущей главе, существуют здоровые и продуктивные привычки, которые используют многие успешные люди. Вот два примера утреннего распорядка дня, которые могут стать основой для вашего варианта, — один из них мой.

Пример № 1: Дин Карнасис, всемирно известный бегун-ультрамарафонец

1. Проснуться в 3.30 утра.
2. Пробежать марафон.
3. Позавтракать с детьми.
4. Отвезти детей в школу.

И это не шутка. В идеальный день Дин просыпается и пробегает марафон.

Я считаю, это лучший пример того, как можно победить свой день еще до завтрака.

Пример № 2: Я, довольно обычный мужчина

1. Проснуться в 5.00 утра.
2. Принять витамины.
3. Одеться в спортивную форму.
4. Начать пить 1 л воды.
5. Покормить собаку Бенни и погулять с ним.
6. Открыть жалюзи в доме, чтобы впустить солнце.
7. Просмотреть расписание на приложении для управления проектами.

8. «Сделать срочные вещи»: проверить банковские счета, «Ноль во входящих» (с. 130) и статистику на моем веб-сайте.
9. Помедитировать 10 минут.
10. Выпить двойной эспрессо.
11. Почитать 20 минут.
12. Сделать большой зеленый смузи.
13. Посвятить целевые блоки времени по 30—60 минут запланированным занятиями (например, чтению, физическим упражнениям и т. п.).
14. Принять душ.
15. Одеться для работы.
16. Начать работу с самого важного проекта дня (около 9.00 утра).

Примите во внимание длину этого списка и важность деталей. Я рекомендую сделать его еще длиннее и добавить еще больше подробностей — это поможет начать. Со временем вы сможете поменять его на менее интенсивный, упростить и получить еще более впечатляющее результаты.

Еще мой список не привязан ко времени. Я перехожу от одного пункта к другому в указанном порядке, но поскольку я работаю на себя, то у меня гибкий график. Если ваш график требует строгих временных границ, назначьте срок для каждого действия.

Вот короткий пример моего предыдущего утреннего распорядка, привязанного ко времени:

5.00. Проснуться.
5.02. Принять витамины.
5.03. Надеть спортивную форму.
5.05. Начать пить литр воды.

6. Запишите это все

Итак, время пришло. Составьте собственный утренний распорядок. У вас есть вся информация, примеры и инструкции. Создайте собственное чудо раннего утра.

7. Проверьте себя

Теперь, когда вы составили список, пришло время подвергнуть его критике. Задайте себе несколько вопросов, чтобы определить, не нужно ли внести в него изменения.

1. Хорошо ли я продумал утренний распорядок?
2. Записал ли я его на бумаге или в цифровой форме? Есть ли у меня постоянный доступ к списку?
3. Можно ли назвать мой распорядок амбициозным, но реалистичным в том смысле, что он не является недостижимым совершенством?
4. Предусмотрел ли я резервное время для неожиданных событий?
5. Выделено ли в моем распорядке время на развитие привычек, выполнение проектов или решение задач в соответствии с приоритетами и главными целями?
6. Структурировал ли я свой распорядок так, чтобы избежать распространенных ошибок (например, пропуска тренировок во второй половине дня)?
7. Является ли рост энергии одной из главных целей моего распорядка — чтобы остаток дня был производительным и просто фантастическим?

СЛОМАЙТЕ КНОПКУ «ДРЕМАТЬ»
Ловушки, ошибки и проблемы

Живите в собственной реальности.

График, составленный идеально, — это обоюдоострый меч. С одной стороны, вы можете подготовить продуманный календарь мероприятий, привычек и проектов, которые будут подталкивать вас к целям. С другой — у вас под носом будет стандарт, которого, возможно, не получится достичь никогда. Может быть, планка покажется слишком высокой и страх поражения вас парализует. Цель здесь — подготовить на бумаге идеальное расписание, которое встроится в вашу реальность. При хорошем раскладе график должен отражать ваше

настоящее «я» со всеми сильными сторонами, особенностями и недостатками. Идеальное для вас расписание одновременно будет подталкивать к улучшению и точно отражать вещи, которые вы и так собираетесь сделать.

Например, я никогда бы не составил себе распорядок дня, для которого нужно вставать раньше пяти утра. Я знаю по опыту, что это просто не получится. Еще я знаю, что утром мне нужно гораздо больше времени на сборы, чем среднему человеку, — в основном потому, что у меня много здоровых и продуктивных привычек, которым я хочу уделить время. Мне требуется на это больше трех часов, поэтому 20-минутный план в ближайшее время не подойдет. Живите в собственной реальности. Сделайте график, который имеет для вас смысл, подходит к нынешней ситуации и побуждает использовать время по максимуму.

РЕЗЮМЕ. СОСТАВЬТЕ ИДЕАЛЬНЫЙ УТРЕННИЙ РАСПОРЯДОК

1. Ваша идеальная неделя — это структура для наилучшего жизненного сценария. Регулярно выделяйте все необходимое время, чтобы создавать, усовершенствовать и оптимизировать этот шаблон.

2. Приведите привычки, внесенные в утренний распорядок, в соответствие с нынешними главными целями — это главный фактор, который позволит вам победить свой день еще до завтрака.

3. Сразу же сделайте распорядок хорошо структурированным и опишите его в деталях. Вы успеете сделать систему менее жесткой, когда она станет вашей второй натурой.

4. Хотя вечерний распорядок может потребовать больше гибкости, составьте его так же подробно, как и утренний. Это даст возможность не сбиваться с курса каждый вечер.

5. Есть семь вопросов (с. 116), которые надо задать себе об идеальном утреннем графике. Хорошо ли вы справились с его составлением?

ПЛАН ДЕЙСТВИЙ К ГЛАВЕ 7

1. Сделайте идеальный шаблон на неделю. На моем сайте размещен примерный шаблон (http://jeffsanders.com/studio), который нужно менять, подправлять и адаптировать к вашему графику. Начните с блоков времени для «крупных камней» (рабочего графика, регулярных встреч и т. п.), а затем добавьте блоки для менее крупных вещей (утренних и вечерних ритуалов, перерывов на еду и т. п.).

2. Начните идеальный утренний распорядок с хорошо структурированного и жестко закрепленного плана. Запишите точное время, когда вы встанете, и последовательно перечислите каждое действие, которое планируете выполнить до рабочего дня. Чем больше деталей вы включите, тем лучше.

Идеальный утренний распорядок:
Время: _____
Действие: _____

Время: _____
Действие: _____

Время: _____
Действие: _____

Время: _____
Действие: _____

Время: _____
Действие: _____

Время: _____
Действие: _____

Время: _____
Действие: _____

Время: _____
Действие: _____

3. Еще раз просмотрите вечерний распорядок и убедитесь, что он согласуется с новым идеальным утром и всей неделей. По опыту многих людей можно сказать, что этот график будет более гибким, однако он должен быть таким же подробным.

Идеальный вечерний распорядок:

Время: _____
Действие: _____

Время: _____
Действие: _____

Время: _____
Действие: _____

Время: _____
Действие: _____

Время: _____
Действие: _____

Время: _____
Действие: _____

Время: _____
Действие: _____

Время: _____
Действие: _____

Глава 8
Небывалая продуктивность

Принципы, ведущие к максимальным результатам

> Среди беспорядка найдите простоту.
> Среди раздора найдите гармонию.
> В трудности найдите возможность.
> *Альберт Эйнштейн*

Последняя строка в этой цитате, «в трудности найдите возможность», радикально изменила мой подход к различным проблемам. Много лет я считал их досадными трудностями, которые требуют разрешения, а не возможностями, за которые можно ухватиться.

Сложные задачи, встающие перед вами на пути к повышению продуктивности, — это не проблемы, а конкретные возможности не только сделать больше, но и эффективно выполнить самое важное. В этой главе описаны три главных принципа для повышения продуктивности, которые я определил, протестировал и оптимизировал за последние несколько лет. Все они начались с досадных проблем в моей жизни, а затем трансформировались в возможности реализовать мой потенциал продуктивности.

Я очень рекомендую воспользоваться каждым из этих принципов и исчерпать их до предела. Робкие попытки приведут к неблестящим результатам. Чтобы раздвинуть границы вашего потенциала и достичь желаемых результатов, лучше всего сразу нырнуть с головой.

ШАГ 5: ПРИНЦИПЫ ПОВЫШЕНИЯ ПРОДУКТИВНОСТИ

Итак, Шаг 5 Стратегии раннего утра — применение трех самых важных принципов продуктивности: объединения, концентрации и «Нулевого равновесия».

В предыдущих главах вы продумали идеальную неделю, идеальный утренний распорядок и идеальный вечерний распорядок. Принципы, изложенные в этой главе, работают вместе

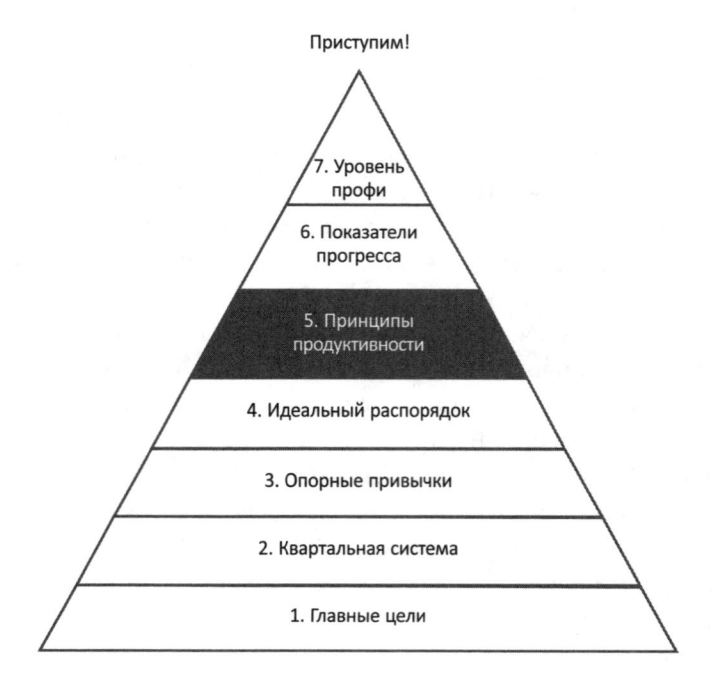

Приступим!

7. Уровень профи
6. Показатели прогресса
5. Принципы продуктивности
4. Идеальный распорядок
3. Опорные привычки
2. Квартальная система
1. Главные цели

с идеальным расписанием и повышают эффективность практически всего, что вы делаете.

Все их можно интегрировать в вашу жизнь, даже если график кажется случайным, нерегулярным или просто безумным. Есть большая вероятность, что вы уже в какой-то форме применяете эти принципы, но, как я говорил, чудо случится, когда вы полностью раскроете их возможности.

ПРИНЦИП 1: ОБЪЕДИНЯЙТЕ

Попытки организовать день с помощью десятков систем, напоминаний, календарей и стикеров Post-it могут запутать даже очень организованного человека. Чтобы достичь оптимального уровня продуктивности, лучше свести разные системы к минимуму.

Вот три метода для объединения задач и соответствующие инструменты, которые помогут повысить продуктивность и перевести ее на новый уровень.

Объедините задачи, проекты и мероприятия

Из всех организационных инструментов я предпочитаю приложение для управления проектами. В сущности, это и есть знаменитый стикер Post-it, расширенный и дополненный. Это исключительный инструмент для организации всех задач, проектов и списков в личной и профессиональной жизни. Некоторые приложения могут одновременно служить ежедневниками, инструментами для общения и личными помощниками. И несомненно, такое приложение — самый важный элемент в моем арсенале продуктивности.

Вы годами использовали подобный инструмент, сознательно или неосознанно. Составляя список дел, отмечая назначенную встречу в календаре или расставляя приоритеты на день, вы управляете своими задачами.

Я надеюсь, что вы не попали в ловушку, пытаясь управлять ежедневными задачами с помощью десятка разных способов. Я начал именно с этого: царапал список необходимых покупок в блокноте, найденном на кухне, записывал свою цель пробежать новый марафон в документе Word и планировал мероприятие в Outlook на офисном компьютере.

Прочитав книгу Дэвида Аллена «Как привести дела в порядок» и освоив его методы, я объединил все задачи, проекты, мероприятия, списки и разные дела в Nozbe, единственной цифровой системе для управления проектами. Лично я использую и обожаю Nozbe, но вы можете выбрать и другое приложение (например, Wunderlist, OmniFocus или Apple's Reminders), ведь ваши потребности, вероятно, будут весьма отличаться от моих.

Секрет здесь в том, чтобы найти одну систему, которой вы доверяете, и «загрузить» в нее свою жизнь: от личных задач до рабочих проектов и прочего. Поразительно, насколько просто контролировать свою жизнь, если все находится в одном прекрасно организованном месте.

Объедините документы, файлы и папки

После выпуска из университета в 2007 году я купил деревянный шкаф для хранения документов, рассчитывая, что он прослужит мне очень долго. За год я перешел на безбумажный образ жизни и освободил этот шкаф.

Одним из самых верных решений, которые я принял в первые месяцы после выпуска, стало объединение цифровых документов, файлов и папок в одном месте. Хотя я впоследствии переместил эти документы, система осталась нетронутой и по-прежнему отлично мне служит.

Если вы до сих пор не храните все (именно *все)* документы, файлы, PDF, сканы, квитанции и другую важную информацию в одном месте, я уверен, что ваша жизнь изменится, когда вы начнете это делать. Доступ ко всей информации в одном месте обеспечит контроль, которого у вас никогда еще не было. Также это избавит от массы «мусора», потому что вы сможете удалить дубликаты файлов и старые документы, одновременно объединяя схожие элементы. К самым популярным системам для хранения файлов относятся Dropbox, Google Drive и Microsoft OneDrive. Я использую Google Drive, но вы можете смело выбрать любую систему, которая лучше отвечает вашим потребностям. Также отмечу, что, несмотря на прекрасные возможности для поиска, эти цифровые хранилища похожи на своего рода «кладовки» — там можно держать очень много всего, но при этом легко найти то, что нужно, когда это потребуется. Также весьма удобно, что многие из этих систем предлагают отличные решения для резервного копирования данных, а значит, вы не лишитесь важной информации.

Я, конечно же, рекомендую отказаться от бумаги, объединив все файлы и документы в одном месте. Это еще сильнее повышает важность хорошо продуманной системы. Не торопясь, организуйте свои данные так же эффективно, как вы планируете день.

Объедините статьи, заметки и идеи

Постоянно записывать собственные озарения необходимо, если вы хотите запомнить лучшие мысли и яркие идеи.

Когда-то очень давно все идеи хранили в бумажных дневниках в шкафу, а важные статьи вырезали из журналов и собирали в подшивки. К счастью, мы эволюционировали с тех примитивных времен, и сегодня у нас есть доступ к любым ценным материалам за считанные секунды.

Вопрос в том, собираетесь ли вы воспользоваться этим преимуществом и эффективно организовать самую ценную информацию в своей жизни. Да, для хранения важных документов можно использовать электронные системы, которые мы только что обсудили, но есть и другие способы, которые могут оказаться еще полезнее.

Каждый день я создаю, сохраняю и оцениваю идеи, заметки и важные статьи в Evernote. Для большинства технологий есть альтернативы, и для Evernote ими могут стать OneNote, Simplenote и даже Google Drive и другие подобные системы хранения.

Я использую Evernote для управления Главными целями и Квартальной системой, храню там идеи для новых постов в блоге и эпизодов подкаста, и, помимо тысячи прочих вещей, фиксирую там прошлые достижения и значимые моменты жизни.

Evernote — это чистая доска, на которой можно записать все что угодно. Крайне важно использовать одну систему, где всю вашу информацию можно навсегда сохранить в упорядоченном виде, а также с легкостью пополнять и извлекать. Такая поддержка может в одночасье увеличить вашу продуктивность.

Другая частая проблема состоит в том, что блестящие идеи приходят, когда их некуда записать. В придачу к Evernote, телефону и даже бумажному блокноту, который лежит рядом с кроватью на случай ночного прилива вдохновения, я использую AquaNotes, водоотталкивающий блокнот для душа. Несмотря на кажущуюся странность этой идеи, она работает замечательно. Хотя я принимаю душ быстро, мне важно знать, что любая идея будет записана и мне никогда не придется полагаться на память.

Записав новые идеи на бумаге (в обычном блокноте, на стикере Post-it, в непромокаемом блокноте AquaNotes и т. д.), затем я переношу их в электронную форму (в Evernote, приложение для управления проектами, ежедневник и т. д.). Это позволяет придерживаться безбумажной системы и не дает забыть или потерять идею, которая изначально была записана не в электронной форме.

ПРИНЦИП 2: КОНЦЕНТРИРУЙТЕСЬ ИЗО ВСЕХ СИЛ

Объединение творит чудеса, когда требуется свести вместе все ресурсы, и обеспечивает легкий доступ к самым важным материалам. Следующий этап процесса, который даст ощутимый прогресс в работе над целями, требует развитой способности концентрироваться на текущей работе вплоть до полного отключения от всего остального.

Существуют три ключевых метода, которые позволят повысить продуктивность, сосредоточившись на приоритетах: запланированные целевые блоки времени, самоизоляция от отвлекающих факторов и работа только над одной задачей.

Запланируйте целевые блоки времени, во время которых не будете отвлекаться

Если вы выберете из этой книги всего один метод, надеюсь, это будет осознанное планирование дня. На второе место я бы поставил целевые непрерывные блоки времени для работы над главными задачами.

Целевой блок времени — это заранее выделенный временной промежуток, во время которого вы можете работать над важной задачей, не отвлекаясь. Этот мощный и эффективный метод не дает отвлекаться, создает условия для качественной работы и позволяет мозгу глубоко погрузиться в творческий процесс.

Чтобы правильно использовать целевые блоки времени, надо поставить для них твердые границы, которые никто не сможет нарушить. Тут у многих начинаются трудности, а ведь это лишь первый шаг. Ваша задача — назначить для этих блоков начало и конец, а также охранять их как величайшую драгоценность.

Представьте, что вы назначили важную и неотложную встречу с самим собой. Если кто-то будет претендовать на ваше время, когда у вас запланирован целевой блок, вежливо отклоните приглашение, потому что встречу нельзя перенести.

Лучше всего начать с идеальной недели и выбрать оптимальные интервалы для распределения повторяющихся блоков. Просмотрите расписание идеальной недели, которое вы создали в предыдущей главе, и решите, как распределить полуторачасовые блоки времени для работы над главными целями. Полтора часа — это один из вариантов, но такого срока обычно достаточно, чтобы глубоко погрузиться в работу и добиться существенного прогресса.

Если во время обычного рабочего дня вас постоянно отвлекают, вы поразитесь, сколько качественной работы можно сделать за короткое время, когда вы полностью сосредоточены.

Изолируйте себя от отвлекающих факторов

Технологический бум последних лет породил среду беспрерывного общения. Сигналы мобильных телефонов, удаленная работа из любого места и требование быть на связи 24 часа в сутки 7 дней в неделю приводят к тому, что сегодня как никогда сложно выделить время исключительно для себя.

Поскольку мы всегда на связи, предполагается, что мы доступны по первому требованию. На время целевых блоков эти ожидания придется ограничить.

Вместо того чтобы быть в распоряжении других, вы будете блокировать их и себя от всего, что не является ключевым приоритетом. Чтобы этого добиться, лучше всего вообще покинуть пространство, не способствующее концентрации внимания.

Изолируйте себя. Останьтесь в одиночестве. Убегите и спрячьтесь. Найдите лучшее место, где есть только те ресурсы, которые вам необходимы, и больше ничего. Мой любимый «изолятор» — библиотека. Лучше всего мне работается, когда я приношу ноутбук, наушники и перекус на верхний этаж. Я нахожу уютный уголок и уединяюсь за высоким стеллажом.

Я захожу настолько далеко, что отключаю телефон, электронную почту и прочие ненужные технологии. Я люблю социальные сети не меньше остальных, но часто понимаю, что вместо сосредоточенной работы отвлекаюсь на проверку сообщений и просмотр случайных сайтов в течение всего дня.

Мне очень помогли программы, блокирующие определенные веб-сайты на компьютерах. Они не дают заниматься ничем, кроме работы. Именно так и формируются отличные привычки: установите эффективное напоминание (веб-сайт заблокирован), вернитесь к привычке (выполнению работы), а затем получите награду (работа сделана!).

Если вы сомневаетесь в себе, сделайте все возможное, чтобы не сбиться с курса, вплоть до блокирования Facebook.

Находясь в изолированном пространстве, я практически не существую. Меня нельзя найти, со мной нельзя связаться. Это волшебная ситуация. В таких условиях я могу сделать больше качественной работы, чем в любом другом месте на Земле. Для моей работы это идеально. Ваша работа может потребовать иного сценария, а значит, его надо создать. Отключитесь от мира и сосредоточьтесь на работе, которая требует максимума энергии, концентрации и внимания.

Работайте над одним делом

Третий прием, который может радикально повлиять на вашу способность концентрироваться, — просто выбирать для выполнения только одну задачу.

И снова это может показаться очевидным, но вспомните, что мы до этого обсудили: чтобы сосредоточиться в принципе на чем-либо, не говоря уже об исключительно одной задаче, надо отключить очень много устройств.

Попытка работать над множеством задач одновременно обречена на поражение, потому что мозг лучше всего функционирует, когда все его ресурсы брошены на одно направление. Многозадачность — это миф. Она сильно мешает возможности глубоко погрузиться в проект и мыслить творчески. Работать даже над одним проектом бывает весьма непросто, но чаще еще труднее выбрать, на каком именно нужно сконцентрироваться в первую очередь.

При таком количестве приоритетов, требующих вашего внимания, необходим механизм, который позволит правильно выбрать единственную задачу. Гэри Келлер и Джей Папазан написали феноменальную книгу «Начни с главного!», где они задают крайне действенный наводящий вопрос: «Какую единственную вещь можно сделать, чтобы благодаря ей все остальные задачи упростились или отпали?»

Этот вопрос полностью меняет ситуацию, особенно если вы в разгаре активного рабочего цикла и должны сосредоточиться на немногих вещах, которые сыграют решающую роль. Его стоит задавать и во многих других ситуациях, но начните с этой. Так вы ощутите мощное влияние, которое позволит прямо сейчас принять наилучшее решение и устремиться вперед.

Другой эффективный фильтр или способ определить, чем одно решение потенциально лучше другого, описан в замечательной книге Грега МакКеона «Эссенциализм». МакКеон предложил идею, которую можно применить практически к любой ситуации: «Если нельзя решительно сказать "да", значит, это решительное "нет"».

В следующий раз, когда вы задумаетесь, стоит делать какую-то вещь или нет, убедитесь, что абсолютно не сомневаетесь в ее необходимости. А если сомневаетесь, продолжайте наблюдать, пока не придет уверенное «да».

СТРАТЕГИЯ 3: «НУЛЕВОЕ РАВНОВЕСИЕ»

После долгого рабочего дня, посвященного достижению главных целей, приходит время завершить работу и прийти в точку полной остановки.

Я создал концепцию «Нулевое равновесие», чтобы объединить все стратегии, которые позволяют как можно проще завершить день. В этом термине я объединяю четыре компонента: «Ноль во входящих», «Ноль проектов», «Ноль на письменном столе» и «Нулевая база».

Применяя концепцию «Нулевого равновесия», вы сможете завершать каждый день, четко понимая, чего вы достигли, и закладывать прочную основу, на которой будете строить следующий день.

Равновесие — это «состояние покоя под воздействием равных, противоположно направленных сил»[1]. Это и есть наша цель в конце каждого дня — найти баланс, прийти к состоянию покоя и начать следующий день сразу с того места, с какого вы хотели.

«Ноль во входящих». Папка для входящих сообщений в вашей электронной почте — это не список дел, для него существуют специальные предложения. И по крайней мере раз в день нужно добиваться, чтобы в ней не было новых писем.

Если там лежат 10 писем, которые вы уже прочли и на которые собираетесь ответить завтра, — это вовсе не ноль. Я подразумеваю полное отсутствие новых сообщений, поскольку все, пришедшие за последние сутки, уже обработаны.

Если ваши входящие вышли из-под контроля, концепция «Ноль во входящих», которую создал эксперт по продуктивности Мерлин Манн, позволит разобраться с этим раз и навсегда.

---

[1] Определение «equilibrium» дано по Oxford Dictionaries, http://www.oxforddictionaries.com/us/definition/american_english/equilibrium.

Во-первых, выделите один блок времени (или больше, если требуется) на полную расчистку папки входящих. Во-вторых, каждый день выделяйте время на обработку всех сообщений.

Как обрабатывать электронную почту:

1. Сотрите или разложите по папкам спам, ненужные сообщения и письма, на которые не надо отвечать.
2. Ответьте на сообщения, требующие моментального или умеренно быстрого ответа, а потом сотрите их или переложите в соответствующую папку.
3. Если для ответа на сообщение требуется приложить усилия, навести справки или выполнить некоторые задачи, напишите отправителю и сообщите, когда вы дадите полный ответ. Потом запланируйте эту задачу в приложении для управления проектами и сохраните сообщение в отдельной папке.
4. Повторяйте первые три шага снова и снова, пока папка для входящих сообщений не очистится.

Как не копить сообщения в папке входящих:

1. Отпишитесь от всех рассылок, которые не являются необходимыми.
2. Расскажите коллегам, что «Ноль во входящих» — ваш приоритет. Лучше всего, если этого правила будут придерживаться все, потому что в таком случае ненужных сообщений просто станет меньше.
3. Выделите время, когда вы каждый день будете работать с электронной почтой. Раз в сутки обязательно добивайтесь, чтобы папка входящих была пустой.
4. Если вы не успели, выделите себе блок времени, чтобы разобраться с необработанными письмами.

Если у вас так много сообщений, что вы не справляетесь сами, подумайте о возможности изменить рабочий график, чтобы вам хватало времени, или даже нанять ассистента, который будет фильтровать и обрабатывать почту за вас.

Быстрый и эффективный обмен сообщениями крайне важен для повышения продуктивности. Взяв на вооружение «Ноль во входящих», вы увидите, что задачи и проекты будут осуществляться гораздо быстрее, не говоря уже об уважении тех, кто с вами взаимодействует.

«Ноль проектов». Я просто ненавижу, когда приходится ложиться спать с незавершенным делом на уме. Чтобы этого не случилось, я стал планировать на день только приоритетные задачи, которые точно способен выполнить до вечера.

Концепция «Ноль проектов» подразумевает, что вы обещаете себе полностью завершить задачу или проект, прежде чем двигаться дальше. Как я уже говорил, лучше браться за дела поочередно и избегать многозадачности. «Ноль проектов» поможет сосредоточиться на одном аспекте и не пытаться жонглировать несколькими одновременно.

У всех нас есть тенденция отвлекаться или испытывать энтузиазм по поводу новой задачи. И часто оказывается, что мы многое начинаем, но ничего не заканчиваем. Примите решение полностью завершать задачу, прежде чем переходить к будущим целям. Используйте приложение для управления проектами или для создания заметок, чтобы записывать идеи на будущее.

В конце каждого дня остановите работу над проектом на конкретной точке и запланируйте следующую задачу на следующий подходящий промежуток времени.

«Ноль на письменном столе». Воспринимайте рабочий стол как папку для входящих сообщений. В конце дня он должен быть абсолютно чистым. Разница между методами «Ноль во входящих» и «Ноль на письменном столе» в том, что на столе всегда есть несколько вещей, которые должны там находиться постоянно (например, компьютер, клавиатура, мышь, лампа и т. д.).

На моем столе в домашнем кабинете есть несколько предметов, и они остаются там, независимо от того, над какими проектами я работаю в этот момент. Однако в конце каждого задания и особенно в конце дня я расчищаю место, где к тому времени оказываются разные материалы для работы над проектами.

Благодаря этой практике мой стол остается чистым и организованным на 99 процентов времени. Оставшийся процент времени приходится на редкие моменты, когда там лежит много материалов, но я быстро и эффективно разбираю их, прежде чем перейти к следующей задаче.

Это все равно что убирать кровать. Вы создаете привлекательную картину, которая создает ощущение чистоты и организованности. Ваша цель — добиться, чтобы эта картина присутствовала 99 процентов времени или хотя бы раз в день.

«Нулевая база». Этот метод очень похож на «Ноль на письменном столе». Вы убираете все ненужные вещи дома и в офисе в конце каждого дня. Осознаете вы это или нет, но у каждой вещи есть идеальное место, куда ее надо положить, — своего рода «база». «Нулевая база» способствует тому, чтобы вы нашли это конкретное место для каждой вещи, которой владеете или которую используете.

В офисе у вас могут быть файлы, папки, канцтовары, мебель или другие материалы, которые в идеале должны находиться в шкафу, выдвижном ящике или другой системе хранения. Дома у вас могут быть кухонные приборы, детские игрушки, одежда и прочие бытовые предметы, которые должны храниться в весьма конкретном месте.

В идеальный день вы отправляетесь в кровать, зная, что каждая ваша вещь находится в точности там, где ее место. Если это происходит, в вашем доме создается невероятно чистая и хорошо организованная обстановка, в которой можно начинать новые проекты прямо с утра. Возможно, это звучит как несбыточная мечта, но на самом деле этого можно добиться. И это отличный способ проживать повседневную жизнь.

ОБЪЕДИНЯЕМ ВСЕ МЕТОДЫ

Чтобы обобщить все описанное, представьте себе такую картину.

Вы начинаете день (рано и бодро) с приложения для управления проектами (Nozbe), в котором запланированы сегодняшние тренировка и медитация (здоровые привычки), а также приоритетные задачи (часть идеального утреннего распорядка). Вы начинаете первый целевой блок времени (работая над одной из главных квартальных целей), обращаясь к важным документам, которые находятся в электронной системе для хранения (Google Drive).

Посередине этого блока вы записываете несколько новых идей в онлайн-блокнот (Evernote). Повторив этот процесс несколько раз в течение дня, вы завершаете его, ответив на все письма («Ноль во входящих»), завершив невыполненные задания («Ноль проектов»), очистив стол («Ноль на письменном столе») и положив все материалы дома и в офисе на место («Нулевая база»). Вы завершаете день, просмотрев задания на завтра и уделив несколько минут хорошей книге (часть идеального вечернего распорядка).

Используя сочетание четко выраженных главных целей, целенаправленной Квартальной системы, тщательно подобранных здоровых привычек, идеальной недели, идеального утреннего и вечернего распорядка, а также высокоэффективных методов для повышения продуктивности, практически невозможно не победить свой день.

Однако это еще не все!

В двух следующих главах я расскажу, как следить за своим прогрессом с помощью стратегической системы контроля, встреч с партнером по отчетности и крайне важных ежедневных списков, а также как использовать продвинутые методы, чтобы оптимизировать всю Стратегию раннего утра в целом.

СЛОМАЙТЕ КНОПКУ «ДРЕМАТЬ»
Ловушки, ошибки и проблемы

Больше — не всегда лучше.

Я знаю, что буквально завалил вас советами и предложениями, поэтому забегу вперед и освобожу вас. Не обязательно делать все. Более того, как это обычно и бывает в жизни, создание основ — единственная стратегия, которая вам понадобится. Возможно, *больше* — это вообще не решение. В мире продуктивности всегда найдутся новые стратегии для воплощения, идеи для исследования, приложения для скачивания, конференции для посещения и книги для покупки.

В конце этой книги я обрисую план действий, который поможет вам воплотить все идеи, представленные мной. Вы сами сможете решить, какие стратегии в итоге возьмете на вооружение, и я первый скажу, что, вероятно, хватит одной или двух.

Конечно, моя жизнь строится на этих принципах, инструментах и стратегиях, но я достиг этого пункта спустя многие годы экспериментов и тонких настроек. Хотя я предпринимаю довольно много усилий, подправляя небольшие детали, чтобы выжать максимум из каждого дня, я всегда возвращаюсь к нескольким фундаментальным принципам, которые приносят максимальный результат.

Истинная цель этой книги — сделать так, чтобы вы нашли свои фундаментальные принципы и придерживались их. Они укажут вам путь, когда хаос станет чрезмерным и жизнь потребует серьезных усилий. В конечном итоге побеждает простота.

РЕЗЮМЕ. ПРИНЦИПЫ ПОВЫШЕНИЯ ПРОДУКТИВНОСТИ

1. Объединить все в нескольких системах — самый лучший способ увидеть всю свою жизнь разом, внести коррективы и эффективнее двигаться вперед.

2. Выделить целевые блоки времени — самый лучший метод, чтобы работать качественнее и сделать больше.

3. Поддерживая «Нулевое равновесие» во всех сферах жизни, вы будете завершать все проекты и отвечать на все письма, освободитесь от хлама и получите чистое пространство и чистую голову.

4. Объединив эти принципы, вы сможете по-настоящему победить свой день.

ПЛАН ДЕЙСТВИЙ К ГЛАВЕ 8

1. Объедините все жизненные цели (личные и профессиональные), события, проекты и задачи, используя как можно меньше мест для хранения информации.
   Ваше приложение для управления проектами (Nozbe, Wunderlist, OmniFocus и т. п.):
   _____
   _____
   _____

   Дата, когда вы объедините свои задачи в этой системе (или расчистите ее):
   _____

   Ваш электронный ежедневник (Apple Calendar, Outlook, Google Calendar и т. п.):
   _____

   Дата, когда вы объедините все мероприятия в этой системе (или очистите ее):
   _____

   Ваша система для хранения документов онлайн (Dropbox, Google Drive, OneDrive и т. п.):
   _____

   Дата, когда вы объедините все документы в этой системе (или очистите ее):
   _____

   Ваша система для хранения заметок и материалов онлайн (Evernote, OneNote, Simplenote и т. п.):
   _____

   Дата, когда вы объедините все заметки в этой системе (или очистите ее):
   _____

2. Когда ваша продуктивность максимальна? Выделите целевые блоки времени для самых важных ежедневных целей.

Главная цель № 1:

_____

Место и ежедневный / еженедельный целевой блок времени, когда вы будете работать над этой целью:

Главная цель № 2:

_____

Место и ежедневный / еженедельный целевой блок времени, когда вы будете работать над этой целью:

Главная цель № 3:

_____

Место и ежедневный / еженедельный целевой блок времени, когда вы будете работать над этой целью:

3. Добивайтесь состояния «Нулевое равновесие» раз в 24 часа («Ноль во входящих», «Ноль проектов», «Ноль на письменном столе» и «Нулевая база»).
Также установите ежедневное напоминание в приложении для решения задач, чтобы каждый день добиваться нулевого состояния во всех этих сферах.

Дата, когда вы полностью очистите ящик входящих:

_____

Время, когда вы каждый день будете добиваться состояния «Ноль во входящих»:

_____

Дата, когда у вас будет ноль неоконченных задач в рамках нынешней главной цели:

_____

Время, когда вы каждый день будете добиваться состояния «Ноль проектов»:
_____

Дата, когда вы оставите на письменном столе только самое необходимое:
_____

Время, когда вы каждый день будете добиваться состояния «Ноль на письменном столе»:
_____

Время, когда вы очистите дом и офис, оставив только нужные вещи:
_____

Время, когда вы каждый день будете добиваться состояния «Нулевая база»:
_____

Глава 9

Показатели прогресса

Как отслеживать, измерять и контролировать достижения в вашей активной жизни

> Несчастные люди не контролируют свою жизнь, потому что постоянно имеют дело со случайными и плохими результатами неуправляемых систем. Счастливые люди контролируют свою жизнь, наслаждаясь запланированными хорошими результатами управляемых систем.
>
> *Сэм Карпентер, автор книги «Системность во всем»*

Я уверен, что успешно учился в университете прежде всего потому, что в первый день нам раздали учебный план. В этом волшебном документе были описаны все задания, тесты и запланированные занятия на целый семестр.

Один из моих любимых преподавателей в университете, доктор Джеффри Виттенгл, мастерски составлял учебные планы. Они были такими подробными и ясными, что плохо учиться у него было практически невозможно — разве что вообще ничего не делать.

Не поймите меня неправильно, учиться у него не было легко, однако его ожидания были максимально прозрачными. Никаких разночтений или путаницы, никаких противоречий. Он четко обозначал, что будет происходить в каждом разделе его курса и параллельно отслеживал результаты с каждым из нас.

С таким конкретным планом и ориентирами для каждого студента успех был неизбежен. Это идеальный сценарий, который вы можете ежеквартально применять к своим целям. Понадобится только правильная система контроля и отчетности, которая позволит двигать все нужные элементы в одном направлении.

ШАГ 6: КОНТРОЛИРУЕМ РЕШИТЕЛЬНЫЙ ПРОГРЕСС

Шестой шаг Стратегии раннего утра — следить за прогрессом. Когда вы поймете, как побеждать свой день еще до завтрака, главной задачей будет научиться делать это снова и снова, не сходя с курса.

```
         /\
        /7.\
       /Уровень\
      / профи  \
     /──────────\
    / 6. Показатели\
   /   прогресса    \
  /──────────────────\
 /   5. Принципы      \
/     продуктивности   \
────────────────────────
/   4. Идеальный        \
/     распорядок         \
──────────────────────────
/   3. Опорные            \
/     привычки             \
────────────────────────────
/   2. Квартальная          \
/     система               \
──────────────────────────────
/   1. Главные               \
/     цели                   \
────────────────────────────────
```

Системы контроля, описанные в этой главе, позволят отслеживать, измерять и поддерживать потрясающую продуктивность в течение длительного времени.

Незаменимые системы оценки, которые позволят достигать целей по намеченному графику, включают ежедневный, еженедельный, ежемесячный, ежеквартальный и годовой контроль. Также мы обсудим, как вести соответствующие отчетные документы и как проводить эффективные встречи с партнером по отчетности, чтобы следить за своим прогрессом на каждом участке пути.

ЕЖЕДНЕВНЫЙ КОНТРОЛЬ

Отслеживать ежедневные задачи и достижения можно самыми разными способами. Я горячо рекомендую использовать приложение для управления проектами и электронный ежедневник, из которых видно, что и когда вы будете делать. Однако помимо этого в конце дня необходимо оглянуться назад и посмотреть, что действительно удалось выполнить.

Что касается ежедневного контроля, то лучшей системой станет та, которой вы действительно будете пользоваться. Я покажу, как применять традиционную форму отчетности, подходящую лично мне, но вы можете взять любые приложения, таблицы или эффективные методики вроде «стратегии Сайнфелда».

Комик Джерри Сайнфелд создал известный метод формирования привычек, который он практиковал, сочиняя шутки. Каждый день, посвятив этому занятию определенное время, он ставил большой красный крестик в обычном бумажном календаре. Его задачей был добиться, чтобы крестики занимали каждый день без пропусков. Эта простая мотивация — чтобы ряд не прерывался — побуждала его каждый день возвращаться к сочинению шуток.

ПРИМЕЧАНИЕ: Я использую и обсуждаю «стратегию Сайнфелда» многие годы, но, наводя справки для этой книги, обнаружил, что Сайнфелд не только не создал этот метод, но даже не применял его — однако ему нравится считаться его автором.

Кто разработал эту стратегию на самом деле, доподлинно не известно.

Тем не менее, поскольку это мощный и эффективный метод, его стоит добавить в ваш арсенал. Назовем его «Ежедневные ритуалы и привычки». Простая таблица будет каждый день напоминать вам о ключевых привычках, связанных с вашими главными целями.

Список ежедневных ритуалов и привычек									
Неделя	Пн	Вт	Ср	Чт	Пт	Сб	Вс	Сделано	Цель	Сальдо
Встать в 5 утра	1	1	1	1	1			5	5	0
Медитировать 10 мин	2	1		1		1	1	6	7	−1
Выпить 1 литр воды	2		1	2		1		6	7	−1
Пробежать 3,5 км	1			1	1		1	4	5	−1
Почитать 30 мин	1	1	1	1		1	1	6	6	0
Всего								27	30	−3

Чтобы составить собственный список привычек, сделайте следующее:

1. Поставьте дату, с которой начинается нынешняя неделя, в левом верхнем углу.
2. Рекомендую дублировать таблицу каждую неделю и отслеживать квартальный прогресс в одном документе.
3. Внесите в левый столбец свои ежедневные привычки. Будьте предельно конкретны. Обратите внимание, что я включил в список точное время подъема, количество минут, отведенное на медитацию, и определенный объем воды.
4. Запишите в колонке «Цель», как часто вы планируете повторять одно и то же еженедельно. Для каждой привычки

можно поставить отдельную цель. Выбирайте число повторов с оптимизмом, но не отрываясь от реальности.

5. Выберите конкретное время, когда вы каждый день будете вносить в таблицу количество повторов. Многие считают, что легче всего сделать это во время вечернего распорядка.

В конце недели, проводя контроль над достигнутым, вы сможете оценить свой прогресс и внести коррективы на следующую неделю.

ЕЖЕНЕДЕЛЬНЫЙ КОНТРОЛЬ

Еженедельный отчет стоит на третьем месте в списке главных методов, которые нельзя упустить, — после продуманного плана на день и целевых блоков времени, выделенных на приоритеты. Успешно проведя еженедельный контроль (хотя бы раз), вы получите предельно четкое представление о своем графике и как на ладони увидите все свои задачи, важные привычки и обязательства.

Еженедельный контроль (1–7 января, 2017 год)	
Победы и достижения	
1	
2	
3	
Неудачи	
1	
2	
3	
Решения	
1	
2	
3	

Составить еженедельный отчет просто и быстро — на это уйдет, возможно, один-два часа в неделю. Но пользу он приносит огромную.

Прежде чем я запустил систему формального еженедельного контроля, моя продуктивность была достаточно высока. Мне казалось, я почти всегда знаю, что происходит, и неплохо придерживаюсь выбранной линии. Но когда я начал систематически отслеживать задачи, проекты, мероприятия, цели и обязательства, результативность и способность концентрироваться повысились в разы.

Еженедельный отчет вынуждает задавать себе простые, но прямые вопросы, планировать приоритетные задачи и вносить необходимые поправки, чтобы двигаться прямо к запланированным результатам.

Освободите несколько часов в неделю и выполняйте следующие шаги. Это можно делать в любое время, главное — регулярность.

1. Проанализируйте свой шаблон идеальной недели (с. 106). Убедитесь, что картина в целом верна и точно отражает вашу жизнь на данный момент.

2. Проанализируйте пункты, которые вы включили в список «Ежедневные ритуалы и привычки». Добавьте, удалите или измените пункты, чтобы они соответствовали вашим амбициям и отвечали текущим целям.

3. Обновите отчеты об успехах в блокноте для целей (как это описано в главе 5 на с. 80). Запишите, что вы сделали на прошлой неделе, и четко опишите, каковы будут следующие действия на будущей неделе в рамках каждой из главных квартальных целей.

4. Заполните таблицу для еженедельного контроля (сделайте собственную или загрузите пример с JeffSanders.com/studio). Ответьте на каждый вопрос и обдумайте итоги прошедшей недели.

5. Разместите три главные цели так, чтобы они всегда были у вас перед глазами. В моем кабинете есть доска для

визуализации, куда я приклеиваю большой стикер с еженедельными целями, и он постоянно напоминает о моих приоритетах.

6. Зафиксируйте три главные цели в приложении для управления проектами и в ежедневнике. Пришло время распределить целевые блоки времени на неделю и использовать их для работы над приоритетами. Расставьте прочие обязанности вокруг этих блоков.

7. Проанализируйте все будущие задачи, мероприятия, проекты и обязанности на следующие несколько недель. Чем больше времени вы потратите на планирование, тем меньше потеряете при выполнении задач. Выделите на анализ столько времени, сколько необходимо: вы должны быть уверены в своем расписании. Если остались какие-то сомнения, выделите на планирование еще немного времени.

Я добавил в приложение повторяющуюся задачу, для которой все этапы еженедельного контроля отображаются в формате списка. В воскресенье вечером я пробегаюсь по списку и выполняю каждый пункт, готовясь к встрече с партнером по отчетности в понедельник утром.

ЕЖЕНЕДЕЛЬНЫЕ ВСТРЕЧИ С ПАРТНЕРОМ ПО ОТЧЕТНОСТИ

Мой друг Мэтт Фрейзер создал замечательный сайт «Атлет без мяса» (NoMeatAthlete.com). Я много лет был его читателем, а когда взял у Мэтта интервью для подкаста, он предложил мне стать его партнером по отчетности.

До этого момента я никогда не работал с кем-то вдвоем с единственной целью отчитаться о собственных целях. Несколько недель мы определяли формат наших рабочих отношений, а потом у нас отлично пошел процесс.

Слово «отчитываться» вызывает ассоциации с безответственными людьми, которые совершают плохие поступки. А фраза «находиться под контролем» предполагает, что вы не справляетесь с собственными обязанностями и третья сторона должна заставить вас работать.

Но у нас с Мэттом вышло наоборот. У нас подотчетность подразумевает небольшое внешнее давление, которое поддерживает в форме. Мы не вынуждаем друг друга делать какие-то вещи, чтобы не чувствовать себя виноватыми, а используем возможность обсудить успехи с близким другом.

Однако я признаю, что план обсудить мой прогресс с Мэттом в понедельник очень мотивирует закончить всю незавершенную работу в воскресенье.

Мэтт живет в Эшвилле, что в штате Северная Каролина, а я живу в Нэшвилле, столице Теннесси. Поэтому в понедельник утром мы полчаса общаемся с помощью Skype. За это время мы обсуждаем довольно много тем. Вот содержание нашей обычной еженедельной беседы.

Победы и достижения. Какие три вещи действительно удались на прошлой неделе? Чем вы гордитесь? Произошло ли что-то интересное и удивительное?

Неудачи. Что не получилось? Где вы подкачали? Каких целей не удалось достичь?

Решения. Как вы решите проблемы, возникшие на прошлой неделе? В частности, что вы планируете сделать на этой неделе, чтобы эти проблемы не повторялись?

Озарения. Какие блестящие мысли вас посетили? Какие новые идеи взволновали? Удалось ли вам найти источник вдохновения или пищу для размышления в книгах, на семинарах или в беседе с другом?

Цели на неделю. Каковы ваши три главные цели на следующую неделю? Какой вклад в их достижение вы готовы внести?

Материалы для личного развития. Какими знаниями вы обогатитесь на этой неделе? Какие книги вы читаете? Какие мастер-классы посещаете? Какие аудиокурсы, подкасты или аудиокниги будете слушать?

От навыков к практике. Как вы повышаете свой профессионализм? Какие навыки оттачиваете? Какие новые навыки будете развивать?

В принципе, вам даже не нужен партнер. Можно просто завершить процесс еженедельного контроля самостоятельно и сделать всю ту же работу. Однако я очень рекомендую найти человека в похожей ситуации и делиться с ним целями каждую неделю.

Удивительно приятно иметь возможность обсудить идеи с кем-то другим. И весьма вероятно, вдвоем вы сможете добиться большего, чем поодиночке.

Другая важная стратегия командной работы — окружить себя яркими личностями, вступив в группу единомышленников. Это безошибочный способ достичь более скорого и масштабного успеха, чем это получилось бы в одиночку. Когда умные, амбициозные и знающие люди объединяются, чтобы помочь друг другу преуспеть, эффект выходит феноменальный.

Мой опыт работы в группах подтверждает, что вместе мы всегда способны на большее, чем по отдельности. Найдите существующую группу или создайте собственную. И сделайте регулярные встречи с людьми, которые поддерживают вас и ваши главные цели, приоритетом.

ЕЖЕМЕСЯЧНЫЙ КОНТРОЛЬ

Каждый месяц знаменует завершение трети квартала, поэтому логично сделать паузу и оценить сделанный прогресс. Ежемесячный контроль очень схож с еженедельным, но несколько другие вопросы позволяют посмотреть на вещи в более широкой перспективе.

Ежемесячный контроль (январь 2017 года)
Ежедневные ритуалы и привычки, которые я последовательно практиковал
Ежедневные ритуалы и привычки, над которыми надо поработать
Что я сделаю в следующем месяце, чтобы стать более последовательным
Победы и достижения

Ежемесячный контроль включает следующие шаги:

1. Проанализируйте пункты, которые вы включили в список «Ежедневные ритуалы и привычки» (с. 142). Что вы систематически выполняли в течение месяца? Что дало хорошие результаты? Когда вы были особенно непоследовательны? Что помешало проявить последовательность?

2. Проанализируйте отчеты о ваших успехах в блокноте целей. На верном ли вы пути, чтобы достичь запланированных целей к концу квартала? При необходимости определите, какие изменения необходимо сделать, чтобы выровнять курс.

3. Заполните таблицу для ежемесячного контроля (сделайте собственную или загрузите пример с JeffSanders.

com/studio). Возвращение к отчетам за неделю поможет ответить на каждый вопрос.

4. Выберите три главные цели на следующий месяц. Вероятно, ими станут три наиболее важные задачи из текущих квартальных целей.

5. Проанализируйте все будущие задачи, мероприятия, проекты и обязанности на следующий месяц. Зафиксируйте любые серьезные препятствия, включая поездки, конференции, вечеринки, встречи или другие важные мероприятия, которые могут нарушить привычный график.

Сохраняйте отчетные документы за каждый месяц. Все они понадобятся вам для квартального контроля.

ЕЖЕКВАРТАЛЬНЫЙ КОНТРОЛЬ

Ежеквартальный контроль знаменует завершение важного этапа. В идеале к этому моменту вы должны успешно достичь главных целей, обозначенных в начале квартала.

Ежеквартальный контроль позволит проанализировать пройденный путь и понять, придерживались ли вы глобальных целей в последние три месяца. Если нет, значит, вы знаете, чем надо будет заняться в следующем квартале.

Ежеквартальный контроль (январь — март 2017 года)
Три главные победы и достижения
Три главные неудачи

Окончание таблицы

Ежеквартальный контроль (январь — март 2017 года)
Три главных озарения

Ежеквартальный контроль включает следующие шаги:

1. Обновите список «Ежедневные ритуалы и привычки». Он отражал цели предыдущего квартала, и теперь, возможно, требует исправлений в свете новых квартальных целей.

2. Составьте отчет об успехах в блокноте для целей. В идеале на этой стадии вы должны подвести итог главным целям на квартал и оценить сделанный прогресс.

3. Заполните таблицу для ежеквартального контроля (сделайте собственную или загрузите пример с JeffSanders. com/studio). Возвращение к отчетам за месяц поможет ответить на каждый вопрос.

4. Выберите главные цели, к которым вы будете стремиться в следующем квартале. Также составьте новый план для каждой цели в цифровом блокноте (Evernote), список необходимых действий (с. 79) и отчеты о прогрессе.

5. Рассмотрите будущие задачи, мероприятия, проекты и обязанности на следующий квартал. Уже сейчас запланируйте целевые блоки времени, которые понадобятся для достижения ключевых целей этого квартала.

Конец квартала — отличное время, чтобы сделать перерыв или даже пожить в домике в лесу. Планирование жизни требует уединения и концентрации. Уделите этому достаточно времени и составьте хороший план.

ГОДОВОЙ КОНТРОЛЬ

Если вы освоили Квартальную систему и составили тщательные отчеты за последние четыре квартала, то можете прийти к выводу, что годовой отчет вам не понадобится.

Однако я осознал, что для оценки прогресса в достижении целей весьма полезно оглянуться на свою жизнь за последние несколько кварталов.

Годовой контроль 2017
Три главные победы и достижения
Три главные неудачи
Три главных озарения

Вот несколько вопросов, которые стоит задавать себе каждый год:

1. Какие привычки вы наиболее последовательно практиковали в прошлом году? Какие уроки можно извлечь из этого опыта, чтобы сформировать привычки, которые еще не закрепились?

2. Какие главные вехи вы прошли в истекшем году? Какие ключевые цели были достигнуты? Насколько улучшилась ваша жизнь за этот год?

3. Насколько вам подходит Квартальная система? Может быть, ваши цели лучше привязать к другим интервалам — например, к двум месяцам или полугодию.

4. Заполните таблицу для ежегодного контроля (сделайте собственную или загрузите пример с JeffSanders.com / studio). Возвращение к отчетам за квартал поможет ответить на каждый вопрос.

5. Вернитесь к списку главных целей и начните заново. На какие нелепые, невероятные, сногсшибательные вещи вы могли бы решиться в идеальном мире?

Как бы банально это ни звучало, конец календарного года — прекрасное время, чтобы сделать паузу, поразмыслить и составить новый план. Не торопясь, подумайте какие практические изменения помогут вам совершить настоящий прорыв в ближайшем будущем.

СЛОМАЙТЕ КНОПКУ «ДРЕМАТЬ»
Ловушки, ошибки и проблемы

Умейте вовремя распрощаться с целями.

Когда вдруг выпадает неожиданный шанс, как понять, стоит ли им воспользоваться?

Чем амбициознее, продуктивнее и целеустремленнее вы станете, тем вероятнее, что перед вами откроются возможности, о которых вы даже не мечтали. Я никогда не думал, что напишу эту книгу. Этот шанс предоставился мне совершенно неожиданно.

Когда издатель предложил мне написать книгу, я вовсю занимался двумя крупными бизнес-проектами и делал шаги к покупке первого собственного дома. Я был занят.

Но четкий список квартальных целей помог принять решение. Поскольку я еженедельно оценивал свои проекты, мне было понятно, на какой стадии они находятся. Я знал, насколько далеко продвинулся, какие задачи меня ожидают и как эти задачи соотносятся с планами на ближайшие месяцы.

Другими словами, я давно и активно учился следить за прогрессом на пути к главным целям, за текущими проектами и постоянно меняющимся расписанием. И поэтому, когда я посмотрел, как возможность написать книгу сочетается с моим графиком, ответ был очевиден. Принимать такие решения порой непросто. Но чем лучше вы знаете, на какой стадии находятся ваши текущие цели, тем проще понять, когда стоит сменить их на еще более привлекательные.

РЕЗЮМЕ. КОНТРОЛИРУЕМ РЕШИТЕЛЬНЫЙ ПРОГРЕСС

1. Вы отвечаете за контроль над собственными целями и концентрацию на приоритетах. Благодаря использованию правильных систем отчетности это совсем не сложно.

2. Еженедельный отчет — важнейший инструмент контроля. Это ваш шанс сделать паузу, взглянуть на пройденный путь со стороны и вновь погрузиться в работу с четким планом на ближайшие семь дней.

3. Хороший партнер по отчетности поможет продолжить движение к цели, даже когда захочется все бросить. Если вы найдете человека, которому можно смело рассказать о своей жизни, то серьезно повысите шансы следовать плану и не слишком отклоняться от курса.

ПЛАН ДЕЙСТВИЙ К ГЛАВЕ 9

1. Каждый день заполняйте таблицу «Ежедневные ритуалы и привычки».
   Время, когда вы будете ежедневно заполнять таблицу:
   _____
   _____

2. Хорошо подумайте и назовите двух-трех человек, которые могли бы стать вашими партнерами по отчетности. Затем запланируйте встречу с каждым из них и выясните, подходите ли вы друг другу.

Люди, с которым вы встретитесь, чтобы обсудить возможность партнерства для отчетов:

_____
_____
_____

3. Создайте или загрузите, а затем заполните шаблоны для ежедневного, еженедельного, ежемесячного, ежеквартального и годового контроля. Выделите время для контроля в расписании на неделю. Самые популярные варианты — после обеда в пятницу или вечером в воскресенье. По возможности встречайтесь с партнером по отчетности вскоре после еженедельного контроля.

    День недели и время для еженедельного контроля (обычно занимает от 1 до 2 часов):

    _____

    День недели и время для встречи с партнером по отчетности:

    _____

В рамках *еженедельного* контроля вы ответите на следующие вопросы:

   1) _____
   2) _____
   3) _____
   4) _____
   5) _____

На *еженедельной* встрече с партнером по отчетности вы обсудите:

   1) _____
   2) _____
   3) _____
   4) _____
   5) _____

В рамках *ежемесячного* контроля вы ответите на следующие вопросы:

1) _____
2) _____
3) _____
4) _____
5) _____

В рамках *ежеквартального* контроля вы ответите на следующее вопросы:

1) _____
2) _____
3) _____
4) _____
5) _____

В рамках *годового* контроля вы ответите на следующие вопросы:

1) _____
2) _____
3) _____
4) _____
5) _____

Глава 10
Уровень профи
Продвинутые методы для «отличника», который хочет получить все и сразу

> Без целеустремленности ничего не начнешь.
> Без работы ничего не закончишь.
> Вам не пришлют награду. Ее надо выиграть.
> *Ральф Уолдо Эмерсон*[1]

Книга Стивена Прессфилда «Как стать профессионалом» (Turning Pro) стала для меня глубоким переживанием. В этой короткой, но мощной книге Прессфилд описывает тонкий сдвиг, который происходит, когда вы меняете жизнь любителя на жизнь профессионала. Это радикальная трансформация, однако по сути она представляет собой просто волевое усилие.

Если вы настоящий профессионал, значит, вы больше не хотите поступать так, как делают любители. Любители занимаются чем-то, когда им хочется, а не когда это необходимо; они надеются стать успешными, вместо того чтобы целенаправленно трудиться над достижением желаемого успеха; наконец, любители работают над своей мечтой по совместительству, а не посвящают все свое время конкретным и амбициозным целям.

---

[1] Ральф Уолдо Эмерсон (1803–1882) — американский эссеист, поэт, философ, общественный деятель. (*Прим. ред.*)

Как пишет Прессфилд, «[Когда мы становимся профессионалами,] это полностью меняет нашу жизнь. Меняет время подъема и отбоя. Меняет вещи, которые мы делаем и которые не делаем. Меняет наши занятия и отношения к ним. Меняет выбор книг, которые мы читаем и пищи, которую едим. Меняет нашу физическую форму. Когда мы были любителями, в жизни было много переживаний, избегания, рассеянности. Дни были одновременно заполнены до отказа и болезненно, душераздирающе пусты. Но мы больше не любители. Мы изменились, и все окружающие это видят».

Чтобы стать профи в Стратегии раннего утра, надо отказаться от статуса любителя и ступить на территорию целенаправленных достижений. Профи просыпаются, когда собирались. Они знают, чего хотят, и у них есть подробный план, как этого достичь. Они применяют здоровые привычки и стратегически выбирают все составляющие распорядка, потому что знают, насколько важен абсолютно каждый день.

Чтобы назвать себя профи в Стратегии раннего утра, не нужно ни получать мое одобрение, ни пересекать некую финишную прямую. Понадобится только усилие воли — прямо здесь и сейчас сделать главные цели в жизни своим приоритетом и с удовольствием приступить к их воплощению.

И, конечно, подъем в пять утра все упростит, но это лишь моя точка зрения.

ШАГ 7: ПРОДВИНУТЫЕ МЕТОДЫ

Это седьмой и последний шаг Стратегии раннего утра. В настоящей главе я опишу пять главных продвинутых методов, которые работают вместе со Стратегией раннего утра и позволяют ее оптимизировать.

Если вы уже привыкли к утреннему распорядку, ввели систему продуктивности и обзавелись здоровыми привычками, эти методы могут дополнить вашу работу и ускорить прогресс. Как и многие продвинутые стратегии, они работают оптимально, когда вы уже находитесь в состоянии потока и просто хотите дальше улучшить ситуацию.

На пути к повышенной продуктивности я обнаружил, что все эти методы отлично подходят для выхода на новый уровень и действительно могут стать «вишенкой на торте».

Хотя лично я использую и люблю все эти методы, вам не обязательно брать на вооружение каждый из них. Возможно, вам захочется наброситься на все сразу, но лучше сдержаться и не перегружать себя. Потом у вас будет достаточно времени.

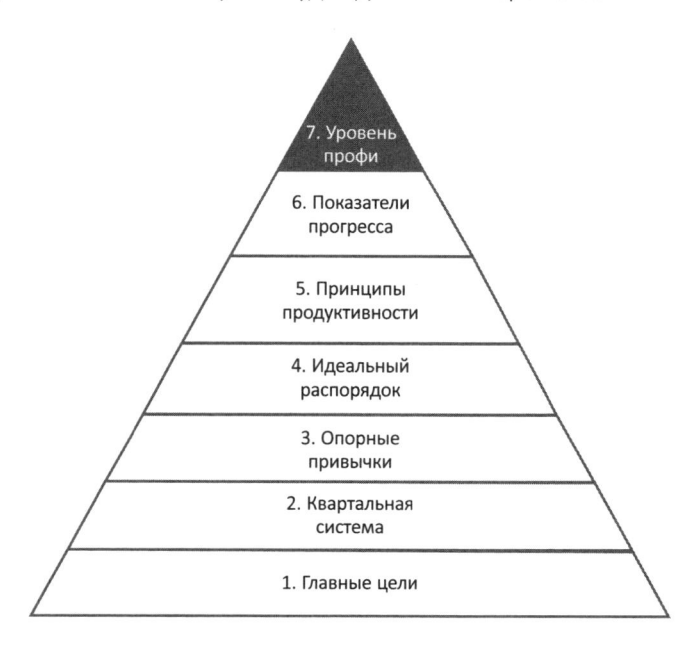

Пирамида уровней (снизу вверх):
1. Главные цели
2. Квартальная система
3. Опорные привычки
4. Идеальный распорядок
5. Принципы продуктивности
6. Показатели прогресса
7. Уровень профи

ВЫДЕЛИТЕ ВРЕМЯ, ЧТОБЫ ПОДУМАТЬ

Наши мысли формируют нас. Это правило справедливо для всех. Вещи, о которых мы размышляем, определяют наши цели, настрой и итоговые достижения.

В начале собственного пути к личностному росту я открыл один из лучших (и наиболее очевидных) методов, которые вообще существуют, и с тех пор начал думать не только по-другому, но и о других вещах.

Это простая стратегия — выделить время исключительно на то, чтобы думать.

Покойный Эрл Найтингейл, первопроходец современной индустрии личностного роста, создал аудиокурс под названием «Стань лидером в отрасли» (Lead the Field). Именно оттуда я узнал об этой мощной стратегии.

Выделить время исключительно на размышления — отличный способ повысить продуктивность, особенно для занятых людей. Однако используется он совершенно недостаточно. Он кажется очевидным, потому что на первый взгляд похож на мозговой штурм, но на самом деле подразумевает гораздо больше.

Чтобы извлечь максимум из этой стратегии, выделите на нее блок времени, уединитесь, возьмите любимый блокнот или подойдите к доске для маркера — и задайте себе один жизненно важный вопрос. Запишите этот вопрос сверху, а потом устройте мозговой штурм и дайте на него столько ответов, сколько сможете, потратив на это максимум час.

Главное — задавать себе трудные вопросы, касающиеся нынешних главных целей. Вскоре вы увидите, что прорывы неизбежны. Вы обязательно найдете блестящие идеи и испытаете триумфальные озарения, которые приблизят вас к целям гораздо быстрее, чем простое вычеркивание пунктов из списка. Кроме того, чем чаще вы даете мозгу возможность подумать о сложных проблемах, тем более творческим и сообразительным становитесь.

Запланируйте хотя бы пару-тройку таких сеансов в неделю, чтобы оптимально использовать этот способ.

В аудиокурсе Эрл советует, когда этим лучше заниматься: «Выберите час в день, на который вы можете рассчитывать достаточно регулярно. Лучшее время — за час до того, как встанут ваши домашние. Разум ясен, дома тихо, при желании можно сварить себе чашку кофе. Это самое подходящее время, чтобы запустить мыслительный процесс».

Понимаете, что это означает? Десятки лет назад чудо раннего утра прекрасно работало, и успешные личности вроде Эрла Найтингейла использовали его на всю катушку!

Этот метод превосходит все остальные, из которых можно выбирать на уровне профи. Регулярно выделяйте время, чтобы подумать, и вы несомненно найдете способ достичь всего, на что нацелились.

МУЗЫКА ДЛЯ КОНЦЕНТРАЦИИ

Каждый день я по многу часов *пытаюсь* работать. Получается у меня что-то сделать или нет, во многом зависит от способности отключиться от отвлекающих факторов и сосредоточиться на важных вещах.

Среди методов, которые радикально повлияли на мою способность завершать работу, — привычка слушать музыку, созданную для мозга. Я использую ресурс Focus@Will, где предлагается музыка для работы, подобранная с учетом нейробиологических данных.

Хотя я не могу объяснить, какая под этим лежит научная основа (и вам повезло, что я даже не буду пытаться), положительный эффект и повышение продуктивности от ее использования легко заметить.

Я работаю за компьютером от 10 до 12 часов в день, и значительную часть этого времени провожу в наушниках, слушая радиостанцию Up Tempo на портале Focus@Will, выбрав из трех вариантов высокий уровень энергии (high energy). При этом я испытываю то самое состояние «потока» или нахожусь «в ударе». Когда я начинаю работать, музыка очень скоро уходит на второй план, и я предельно концентрируюсь на своей задаче.

Треки с Focus@Will специально созданы, чтобы вы сосредоточились, отбросили отвлекающие факторы, могли дольше сохранять концентрацию внимания и значительно больше усваивали во время работы. Я считаю, что, когда вы читаете, пишете, учитесь или занимаетесь тяжелым умственным трудом, лучше всего использовать именно такую музыку.

До Focus@Will я слушал композиции в стиле «техно» или «хаус», и это давало похожий эффект, однако нынешний вариант определенно лучше, потому что мне легче забыть о музыке и думать о текущей задаче. Из этого можно сделать вывод, что для вас тоже существует тип музыки, который прекрасно поможет сосредоточиться именно вам.

Музыка — мощная сила, влияющая на способность концентрироваться, и, если вы хотите организовать себе идеальный рабочий процесс, важно найти свой вариант.

СТОЛ ДЛЯ РАБОТЫ СТОЯ

Физическая активность — главное средство, которое позволяет стать энергичнее, продуктивнее и здоровее. Именно по этой причине один из моих любимых методов — работать стоя за специальным столом.

Я уже много лет стою весь день, и это оказало огромное влияние на мою продуктивность, осанку, пищеварение, энергию, настрой и готовность продолжать работу еще долго после того, как я остановился бы в обычных обстоятельствах.

Также крайне важно больше стоять, ходить и двигаться иными способами в течение обычного рабочего дня. Так вы предупредите массу проблем со здоровьем, сопутствующих гиподинамии, включая большую вероятность сердечно-сосудистых заболеваний, лишнего веса и ранней смерти.

Если вы привыкли сидеть за столом по восемь часов, работа стоя может сильно укрепить ваше здоровье и поможет сделать гораздо больше.

Первый стол для работы стоя (или конторку) можно купить или сделать своими руками. Я очень рекомендую соорудить первый такой стол из материалов, которые у вас уже есть, чтобы вообще ничего не тратить и поэкспериментировать, прежде чем вкладывать в это деньги.

Я сделал свою первую конторку, положив стопки старых учебников на обычный письменный стол — то есть не надо думать, что ради перечисленных мной преимуществ придется потратиться.

Как только вы привыкнете к конторке, можно купить качественную модель или сделать ее по индивидуальному проекту, соответствующему вашим потребностям. Мой нынешний стол для работы стоя надстроен над предыдущим письменным столом. Красивым его не назовешь, однако он творит чудеса.

Чтобы привыкнуть к такому столу, может уйти неделя или две, в зависимости от нынешнего уровня физической подготовки. Сначала будет болеть спина, поэтому увеличивайте время работы стоя постепенно. Полезны будут физические упражнения, которые укрепят спину, пока вы осуществляете этот переход. Еще я очень рекомендую купить амортизирующий коврик, на котором удобно стоять, поскольку вам, вероятно, потребуется дополнительная поддержка. Качественные коврики недороги, и их легко можно купить в Интернете.

Начните работать стоя сейчас — и почувствуйте разницу.

НОВАЯ ДОСКА ДЛЯ ВИЗУАЛИЗАЦИИ

Доски для визуализации — это физическое представление вещей, о которых вы мечтаете. Обычно она имеет вид висящей на стене пробковой доски, к которой прикреплены фотографии домов, машин или других вещей такого рода, вырезанных из журналов. В целом это традиционная модель визуализации вашей жизни, в которой идеализируется конечный результат.

Этот метод не работает. Начинать, держа в уме конечный результат, — прекрасная идея, но этого недостаточно. Визуализация — только первый шаг, и без стратегии она никуда вас не приведет.

Я рекомендую начать с этого традиционного метода, чтобы ясно увидеть, чего вы пытаетесь достичь. Затем переходите к *новой* доске для визуализации, которая покажет ваш путь. Она будет посвящена процессам и работе, ведущим к желанным результатам.

Например, если вы готовитесь к марафону, можно взять изображение бегуна на рассвете. А если собираетесь опубликовать первую книгу, подойдет фотография писателя, работающего в кофейне.

Доски для визуализации старого образца мне никогда не помогали, потому что я всегда размещал на них фотографии шикарных автомобилей, хотя автомобили меня вообще не мотивируют. Потенциально вдохновляющие образы, связанные с жизнью, которой у вас пока нет, часто ведут к чувству вины из-за недостаточного прогресса. Лучше сосредоточьтесь на процессе, который приведет вас к цели.

Лучшие доски для визуализации отвечают на вопрос «Как я приду к своей цели?». Без «как» у вас будет только «что», а этого никогда не достаточно.

Для новой доски для визуализации нужны фотографии, иллюстрации, цитаты и практичные напоминания о том, что нужно делать по пути к главной цели. Вот так все просто.

Практичные доски для визуализации, вроде новой модели, которую я описываю, имеют массу преимуществ. Они позволяют сосредоточиться на действиях, которые вы можете совершить, не дают отвлекаться на далекие от реальности фантазии и побуждают уже сегодня взять будущее под контроль с помощью конкретных привычек.

Чтобы сделать новую доску для визуализации, купите пробковую доску или найдите пустую стену, к которой можно будет прикреплять бумагу кнопками. Опираясь на список главных целей, сосредоточьтесь исключительно на нынешних квартальных приоритетах и детально опишите процесс для достижения каждого. Потом найдите иллюстрации, цитаты или прочие вдохновляющие элементы, которые напрямую отражают главные шаги в вашем плане.

Анализируйте свою доску для визуализации раз в квартал и обновляйте ее по необходимости. При хорошо продуманном плане она послужит прекрасным напоминанием и поможет не терять концентрации на вещах, которые больше всего значат прямо сейчас.

ВНИЗ ГОЛОВОЙ

Возможно, это самый странный продвинутый метод, но, поверьте, он может радикально повлиять на ваше превращение в профи. Положение тела головой вниз, или инверсия, может серьезно укрепить ваше здоровье и повысить продуктивность.

В первый раз я решил попробовать инверсию, посмотрев серию видеороликов. Многие из них сделал доктор Роберт Локхарт, австралийский врач, который вот уже 40 лет висит вниз головой каждый день.

Цель инверсии — скомпенсировать воздействие гравитации. Сила притяжения не жалеет наше тело, и, отменяя ее эффект, вы освобождаетесь от огромного давления, нарушаете свои нормальные ритмы, а значит, получаете пользу, которую не дают другие физические упражнения.

Также благодаря инверсии меньше болит спина, снижается стресс, мозг начинает лучше работать за счет притока крови (и это способствует продуктивности), улучшается осанка, очищается кожа, становится меньше морщин и отлаженнее функционирует лимфатическая система. Также по личному опыту могу сказать, что с помощью инверсии можно стать выше.

Инверсия не станет чудесным исцелением для всех, и у нее есть несколько потенциальных недостатков. Например, она может сильно нагрузить суставы, к ней нужно какое-то время привыкать и порой ей опасно заниматься в одиночку. Кроме того, оборудование для инверсии довольно громоздкое, и его неудобно хранить.

Я делаю это упражнение почти каждый день уже больше года, и по моему опыту (и несмотря на возможные недостатки) — это отличная привычка для всех, кто находится в приличной физической форме и хочет получить пользу, которую я только что описал. Через несколько недель я заметил, что у меня уменьшились боли в спине. Я стал мыслить яснее и даже вырос на 3 мм! Немного, но тем не менее.

Чтобы висеть вниз головой, понадобятся гравитационные ботинки или специальный тренажер под названием «инверсионный стол». Я пользуюсь гравитационными ботинками по 10 минут в день после ежедневной пробежки, и это мой любимый способ завершить отличную тренировку.

Висеть вниз головой — престранный способ проводить время, но я продолжаю считать его исключительно полезным. Вы даже можете сочетать инверсию с другими здоровыми привычками — например, медитацией, аутотренингом, скручиваниями, приседаниями или прослушиванием интересного подкаста.

Пока висишь вниз головой, можно заниматься самыми разными вещами!

СЛОМАЙТЕ КНОПКУ «ДРЕМАТЬ»
Ловушки, ошибки и проблемы

Работайте усердно. Развлекайтесь от души.

Один из опросов для слушателей моего подкаста показал, что большинство людей хотят тяжело работать, а потом активно развлекаться. Большинство отметило, что им не хотелось бы жить заурядно, монотонно и без изменений — они предпочитают разнообразие.

Распорядок, ритуалы и закрепленные привычки необходимы для достижения успеха, но, когда система начинает вас утомлять, разнообразие содействует прогрессу и повышает чувство удовлетворенности. Непохожие периоды в жизни, разные проекты и здоровая смена эмоций приносят нам огромную пользу. Жить в одном темпе каждый день крайне утомительно, и не важно, насколько велика или мала наша скорость.

Когда я мысленно возвращаюсь к лучшим дням моей жизни и воспоминаниям, которые выделяются среди прочих, то понимаю, что сквозь них проходит вполне определенная красная линия. Каждое из этих переживаний связано с приложением максимальных усилий или радостью по этому поводу. Оглянувшись назад, я понял, что получаю глубокое удовлетворение, когда полностью отдаюсь процессу.

День за днем в огромных количествах потребляя развлечения, мы на самом деле не испытываем настоящей радости. Очень маловероятно, что, задумавшись о своей жизни, я пожалею, что слишком мало смотрел телевизор и недостаточно играл в видеоигры. Эти занятия не наполняют жизнь красотой, к которой я стремлюсь.

Усердно работать — конечно, тяжело. Но если вы упорно трудитесь над вещами, которые очень важны для вас, это не воспринимается как

бремя. Напротив, это, возможно, лучший способ вести жизнь, полную смысла, служения и достижений. Тяжелая работа всегда дополняется грандиозными праздниками — это того стоит.

РЕЗЮМЕ. ПРОДВИНУТЫЕ МЕТОДЫ

1. Чтобы получить отличные результаты, не обязательно применять все существующие стратегии. Посмотрите, какие из них могут вывести ваше здоровье, личностный рост и продуктивность на следующий уровень.

2. Успешные люди всегда ищут новые способы, которые обеспечат им дополнительные преимущества, потому что знают, насколько их время ценно для них самих и для достижения успеха. Будьте готовы пробовать новые вещи, даже если они сначала покажутся экстремальными. Рост происходит как раз за пределами вашей зоны комфорта.

3. Если вы усердно работаете над своими целями, лучше всего сбалансировать это полноценными развлечениями. Больше всего удовлетворения обычно приносят дни, когда мы прилагаем огромные усилия к достижению целей, которые очень для нас важны, а потом празднуем на всю катушку.

ПЛАН ДЕЙСТВИЙ К ГЛАВЕ 10

1. Выделите в своем расписании время, чтобы подумать, — хотя бы раз в неделю. Запишите важный и сложный вопрос, на который хотите ответить. Потом дайте себе 20–30 минут на мозговой штурм и найдите все возможные ответы. Каждую неделю вы будете выделять эти блоки времени, чтобы подумать:

Важнейшие вопросы, основанные на главных квартальных целях:

1) _____
2) _____
3) _____

2. Выберите самую подходящую музыку для продуктивности и используйте ее для блоков времени, когда необходимо полностью сосредоточиться. Я рекомендую Focus@Will, но лучше всего в любом случае будет музыка, которая поглотит окружающий шум и позволит с головой погрузиться в основной проект.

Тип музыки, веб-сайт или приложение, которое вы будете использовать во время работы:

_____

3. Сделайте или купите стол для работы стоя, которым будете пользоваться дома. Если это возможно, заведите такой стол и для офиса.

Дата, когда вы приступите к поискам стола для работы стоя, коврика, подходящей обуви и т.д.:

_____

ИЛИ

Дата, когда вы начнете готовиться к изготовлению собственного стола:

_____

ЧАСТЬ III

СТРАТЕГИЯ РАННЕГО УТРА: ПЛАН ДЕЙСТВИЙ

Глава 11

Тридцатидневный план действий

Воплощаем идеи

> Победители бодрствуют. Они живут. Каждый день они действуют на рынке и добиваются результатов. Настоящие победители — не просто мечтатели. Хотя у них есть мечты, они действуют — они воплощают свои мечты. Они звонят в колокол, не прекращая попыток разбудить остальных для многочисленных возможностей, которые предлагает жизнь.
>
> *Боб Проктор, легендарный оратор-мотиватор*
> *и автор книг по личностному росту*

Действие — это наше все. От него зависит разница между успехом и поражением, достижениями и сожалениями, прогрессом и застоем. Теперь, когда вы прошли все семь шагов Стратегии раннего утра, пришло время воплотить идеи в действие. В предыдущих главах мы обсудили много важных идей, и я, конечно, не жду, что вы будете пробовать все подряд.

Ключ к успеху — сосредоточиться на основных и самых главных действиях, которые максимально повлияют на ближайшее будущее. Победить свой день еще до завтрака — значит прежде всего сосредоточиться на нынешних главных целях.

Ниже приведен тридцатидневный план, который позволит применить все ключевые элементы Стратегии раннего утра. Откройте ежедневник и запланируйте главные этапы, которые приведут вас из нынешней точки туда, где вы хотите находиться.

ТРИДЦАТИДНЕВНЫЙ ПЛАН ДЛЯ ПРИМЕНЕНИЯ ВСЕХ МЕТОДОВ

День 1: Подготовьтесь

- Дочитайте эту книгу до конца.
- Пересмотрите заметки, выделенные отрывки и идеи, записанные на полях. Определите, какие методы вам хотелось бы применить прямо сейчас.

День 2: Объединяйтесь с другими амбициозными сторонниками ранних подъемов

- Найдите в своем районе группу, которая встречается рано утром, — например, беговой клуб или бизнес-клуб, собирающийся за завтраком. Кроме того, можно запланировать на раннее утро совместные занятия с людьми, которые живут с вами или по соседству.
- Вступите в виртуальные сообщества, например, в группу Хэла Элрода Miracle Morning Community по адресу Facebook.com/groups/MyTMMCommunity или в мою группу по адресу Facebook.com/groups/The5AMMiracle Community.

День 3: Создайте собственное чудо раннего утра

- Начните переход с чуть более раннего подъема.
- Либо заведите будильник на 15 минут раньше, либо приготовьтесь проснуться в идеальное для вас время уже завтра.

День 4: Составьте ППО
- Подготовьте План персональной оптимизации — набор условий, при которых ваша жизнь заработает как хорошо смазанный механизм.
- Как выглядит лучшая и самая продвинутая версия вас?
- Что вы делаете, если все в жизни налажено хорошо?

День 5: Шаг 1 Стратегии раннего утра
- Проведите мозговой штурм и составьте список главных целей в вашей жизни.
- Не стесняйтесь думать как ребенок. Запустите фантазию в космос. Будьте пожарником, принцессой или космонавтом, как вы всегда собирались.
- Что вы всегда хотели делать, но так и не нашли на это времени?

День 6: Шаг 2 Стратегии раннего утра
- Создайте собственную Квартальную систему.
- Определите даты для кварталов (например, с января по март) и расчистите расписание на будущее.
- Выберите две или три главные темы, которым вы посвятите этот квартал и запишите их в блокноте для целей.

День 7: Шаг 3 Стратегии раннего утра
- Определите ежедневные опорные и дополнительные привычки, основанные на ваших главных целях. Среди самых популярных — ранний подъем, тренировки и начало рабочего дня.
- Выделите конкретное время для каждой из опорных привычек и менее масштабных, сопутствующих им.

День 8: Шаг 4 Стратегии раннего утра
- Сделайте шаблон идеальной недели и распланируйте ее.

- Обязательно включите в него идеальный утренний и вечерний распорядок, а также выделенные блоки времени, посвященные текущим главным целям.
- Не забывайте, что ваша цель — *идеальная* неделя, а не *совершенная* неделя. Выделите время, чтобы доделать вещи, которые прошли не по плану.

День 9: Идеальное утро

- Составьте идеальный утренний распорядок.
- Планируйте утро с конца — с момента, когда у вас начинается рабочий день, и до пробуждения.
- Включите в утренний распорядок самую важную опорную привычку и сопутствующие привычки, делая акцент на бодрость и уход за собой.

День 10: Идеальный вечерний распорядок

- Составьте идеальный вечерний распорядок.
- Планируйте вечер с конца — с момента, когда вы засыпаете, до времени, когда вы прекращаете работу на день.
- Определите границу, после которой завершится работа и начнется вечерний распорядок.

День 11: Шаг 5 Стратегии раннего утра

- Объедините все задачи, проекты и мероприятия в специальном приложении для управления проектами. Сейчас существует много отличных вариантов, из которых можно выбирать. Мне прекрасно подошло приложение Nozbe.
- Главное — оптимизировать систему, включив в нее все маленькие и большие задачи, чтобы их можно было увидеть в одном месте.

День 12: Перейдите на безбумажный стиль жизни

- Объедините все документы, файлы и папки в системе для хранения электронных документов.
- Dropbox, Google Drive, Microsoft OneDrive и iCloud Drive для устройств фирмы Apple отлично подойдут для этой цели.
- Лучше выбрать одну систему для всех документов, чем распределять данные по многочисленным платформам.

День 13: Установите Evernote

- Соберите все статьи, записи и идеи в специальном приложении для заметок.
- Evernote — лучшая цифровая система для хранения подобного контента.

День 14: Сосредоточьтесь

- Внесите в календарь целевые блоки времени, когда вы сможете непрерывно работать над главными задачами.
- Определите два-три места, где вы сможете скрыться от людей, из-за которых рискуете сбиться с курса и отвлечься от работы.
- Заведите привычку отключать социальные сети, мобильные устройства и другие потенциальные отвлекающие факторы.

День 15: «Ноль во входящих»

- Очистите папку входящих, чтобы добиться состояния «Ноль во входящих».
- Если папка входящих переполнена, выделите несколько дней, чтобы с этим разобраться.
- Назначьте время, когда вы будете полностью очищать ящик входящих хотя бы раз в сутки.

День 16: «Ноль проектов»

- Завершите все неоконченные задачи, чтобы прийти в состояние «Ноль проектов».
- Подробно рассмотрите каждый из проектов и определите, какие остались невыясненные вопросы и незамкнутые циклы.
- Назначьте время хотя бы раз в неделю, чтобы оценить свои проекты и определить самые важные следующие действия.

День 17: «Ноль на письменном столе»

- Очистите рабочее место, чтобы привести его в состояние «Ноль на письменном столе».
- Заведите привычку держать на столе только материалы, относящиеся к текущей задаче.
- В конце дня убирайте все в заранее определенное и хорошо организованное место.

День 18: «Нулевая база»

- Уберитесь дома и в офисе, чтобы добиться состояния «Нулевая база».
- Выделите время раз в неделю, чтобы убрать все в заранее определенное организованное место.
- Поставьте себе цель убирать все на место хотя бы раз в день и двигайтесь к ней.

День 19: Шаг 6 Стратегии раннего утра

- Составьте список ежедневных ритуалов и привычек.
- Определите, какие повседневные привычки важнее всего в зависимости от нынешних главных целей.
- Следите за соблюдением привычек по списку в ходе еженедельного контроля.

День 20: Еженедельный контроль

- Заведите практику еженедельного контроля.
- Выделите один-два часа, лучше в пятницу после обеда или в воскресенье вечером, чтобы проанализировать прошедшую и наступающую неделю.
- Определите, что прошло хорошо, что — нет и какие перемены могут сделать следующую неделю лучше предыдущей.

День 21: Партнер по отчетности

- Свяжитесь с двумя или тремя людьми, которые смогут стать вашими партнерами по отчетности.
- Заведите систему отчетности и встречайтесь с партнером на регулярной основе (например, раз в неделю, раз в две недели и т.п.).
- Приурочьте эти встречи к еженедельному контролю, чтобы у вас был полноценный контекст для обсуждений.

День 22: Ежемесячный контроль

- Заведите практику ежемесячного контроля.
- Выделите время в конце каждого календарного месяца, чтобы проанализировать предыдущие документы еженедельного контроля.
- Проанализируйте прогресс, которого вы достигли в работе над нынешними ежеквартальными целями, и определите, какие изменения нужно внести в наступающем месяце.

День 23: Ежеквартальный контроль

- Заведите практику ежеквартального контроля.
- Выделите время в конце каждого квартала, чтобы проанализировать документы ежемесячного контроля.
- Проанализируйте ваш прогресс на пути к главным целям и составьте план на следующий квартал.

День 24: Годовой контроль

- Заведите практику годового контроля.
- Выделите время в конце каждого календарного года, чтобы пересмотреть документы для квартального контроля.
- Поразмышляйте над достижением главных целей и определите, какие изменения необходимо сделать на грядущий год.

День 25: Шаг 7 Стратегии раннего утра

- Выделите блок времени (предпочтительно до часа в день) на размышления.
- Задайте себе серьезный вопрос, основанный на нынешних квартальных целях, и устройте мозговой штурм, чтобы найти наилучшие ответы.

День 26: Слушайте музыку

- Найдите наиболее подходящую вам музыку для продуктивности.
- Выберите музыку, которая повышает вашу концентрацию внимания и одновременно заглушает отвлекающие звуки.
- Подпишитесь на приложение Focus@Will, чтобы улучшить работу мозга и продуктивнее тратить время.

День 27: Встаньте за стол

- Повысьте свою продуктивность с помощью стола для работы стоя (конторки).
- Очень простой и эффективный стол для работы стоя можно сделать из книг большого формата, картонных коробок или других легкодоступных материалов.
- Сделайте или купите стол для работы стоя, когда будете к этому готовы.

День 28: Новая доска для визуализации

- Сделайте доску для визуализации дома или в офисе.
- Используйте пробковую доску или что-то в этом роде. Разместите на ней иллюстрации, цитаты или другие видимые напоминания о процессах, которые приведут вас к главным целям.
- Старайтесь избегать слишком общих образов или бесплодных фантазий. Сосредоточьтесь на вещах, которые будут приближать вас к цели уже сейчас.

День 29: Начните висеть вниз головой

- Изучите метод инверсии, особенно оборудование, которое вам хотелось бы купить (гравитационные ботинки или специальный тренажер).
- Введите инверсию в ежедневный распорядок — это будет легко, если вы сделаете ее заключительной частью тренировки.
- Начните с одной минуты, а затем за несколько следующих недель дойдите до 10—15 минут.

День 30: Объединитесь с единомышленниками

- Найдите других амбициозных, продуктивных и успешных людей, которые ставят перед собой цели, схожие с вашими.
- Выделите время, чтобы встречаться, делиться идеями и помогать друг другу расти.

ОБЗОР ВСЕГО И СРАЗУ. ЧУДО РАННЕГО УТРА В ТРЕХ ШАГАХ

Я знаю, что порой страшно даже посмотреть на список действий, рассчитанный на 30 дней. Поэтому вот обзор абсолютно всего в этой книге, разбитый на три простых шага — это те самые шаги, которые я заранее привел в первой главе.

Если вы начнете паниковать или окажетесь в ступоре, сделайте паузу и вернитесь к трем шагам.

1. Планируйте: составляйте целенаправленный план до начала каждого дня.
2. Выполняйте: добивайтесь ощутимого прогресса на пути к главным целям, посвящая им специально выделенные блоки времени.
3. Контролируйте: каждую неделю подводите итоги всего сделанного и думайте, что будете делать дальше.

Планируйте, выполняйте и подводите итоги. Вот и все.

СЛОМАЙТЕ КНОПКУ «ДРЕМАТЬ»
Ловушки, ошибки и проблемы

Победа — это решение, которое вы принимаете каждый день.

Было бы здорово прочесть одну отличную книгу, посетить одну вдохновляющую конференцию или один раз поговорить с одним замечательным человеком — и стать жизнерадостным, бодрым и мотивированным на всю жизнь.

Оказывается, нам нужно постоянно подзаряжаться. Как сказал ныне покойный Зиг Зиглар, легендарный специалист по личностному росту: «Часто говорят, что мотивация быстро пропадает. Но то же самое происходит и с чистотой, поэтому мы рекомендуем мыться каждый день».

Бывает, что я теряю силы, погружаюсь в уныние и даже начинаю думать, что моя жизнь проходит зря. Но в эти печальные моменты меня всегда возвращает в форму простой, но гениальный способ.

Когда нужно взбодриться, я включаю любимую музыку и отправляюсь на пробежку, зная, что это позволит буквально развернуть жизнь в другую сторону.

Каждый день (это правда) первый день оставшейся жизни, и если вы хотите снова начать, нужно сделать один простой шаг. Завтра утром

у вас появится возможность победить свой день. И самое прекрасное, что этот шанс будет у вас каждый день до конца жизни.

РЕЗЮМЕ. ТРИДЦАТИДНЕВНЫЙ ПЛАН ДЕЙСТВИЙ

1. Возможно, воплотить все методы, изложенные в этой книге, — слишком амбициозная задача. Поэтому обязательно выберите те, которые окажут максимальный эффект на вашу жизнь в ближайшем будущем.
2. Не обязательно придерживаться тридцатидневного плана, но лучше установить жесткий срок, когда вы воплотите все выбранные методы.
3. Если оставить только один метод, это должно быть планирование. Планируйте каждый день вашей жизни — целенаправленно, осознанно и с энтузиазмом.

ПЛАН ДЕЙСТВИЙ К ГЛАВЕ 11

1. Поскольку одновременно воплотить все идеи стратегии и тактики из этой книги невозможно, выберите те, которыми хочется заняться прямо сейчас.

   Самые вдохновляющие цели из этой книги, которыми хочется заняться прямо сейчас:

   1) _____
   2) _____
   3) _____
   4) _____
   5) _____

2. Если вы еще этого не сделали, добавьте самые важные цели в Квартальную систему на этот или следующий квартал.

Ваши цели на следующий квартал:
1) _____
2) _____
3) _____

3. Используя тридцатидневный шаблон из этой книги, выберите дату начала, а затем добавьте каждую цель в приложение для управления проектами или ежедневник. Также на сайте 5amBlueprint.com можно подписаться на напоминания, которые будут приходить вам на почту в течение тридцати дней.

Дата, когда вы начнете тридцатидневную программу: _____

Глава 12

Время для смелых действий

Творим чудеса каждый день

> Не просите, чтобы задача была простой, — просите, чтобы она была достойной ваших усилий. Не мечтайте, чтобы она была легче, — мечтайте, чтобы вы были искуснее. Не просите меньше трудностей — просите больше навыков. Не просите меньше проблем — просите больше мудрости. Сложности обеспечивают вам опыт.
>
> *Джим Рон, автор книг, мотивационный оратор и гуру личностного роста*

В первой главе я попросил вас дать четыре обязательства, которые заложат основу для создания вашего собственного чуда раннего утра.

1. У меня будет продуманный письменный план на каждый день.
2. Я буду последовательно развивать здоровые привычки, чтобы добиться оптимального уровня энергии и энтузиазма.
3. Я определю краткосрочные задачи, которые помогут мне добиться главных целей в моей жизни.

4. Я буду контролировать свой прогресс, вносить необходимые коррективы и отчитываться о происходящем.

Это серьезные обязательства. Для устойчивого прогресса на пути к главным целям необходимы постоянные жертвы, доступ к ресурсам и невероятное терпение. Хорошо, что благодаря Стратегии раннего утра теперь у вас есть генеральный план и вы сможете выполнять эти обязательства в течение всей жизни.

Как и любая сто́ящая цель, долгосрочный успех — вершина ваших достижений, и я надеюсь, что вы до нее доберетесь. Я твердо верю: если пройти шаги, описанные в этой книге, вы придете к ощутимым результатам, которые раньше могли казаться фантазией.

Смелое утверждение, я знаю, но в этом и смысл. Смелые действия необходимы, чтобы достичь главных целей и прожить великую жизнь.

Регулярно и целенаправленно рано вставать — смелая цель, однако это всего лишь часть гораздо более крупного пазла. Выполнять продуманные, высокоэффективные и в то же время маленькие повседневные решения — формула, которая позволит вычеркивать пункты в вашем списке главных целей.

Достичь собственного чуда раннего утра крайне важно, и не только потому, что ранний подъем даст вам возможность помедитировать или выйти на пробежку, но и потому, что занятия, которые вы выбираете для себя каждый день, полностью определят, кто вы такой и кем будете спустя много лет.

Надеюсь, сейчас вы видите красоту в силе маленьких решений, которые могут полностью изменить ваше будущее.

Каждый день важен.

Каждый прекрасный, волшебный день.

В заключение хочу от всего сердца поблагодарить вас за то, что вы нашли время на чтение этой книги. Помочь вам выйти на новый уровень в жизни — большая честь. Мне уже не терпится услышать о ваших огромных успехах!

А пока помните: *у вас есть власть изменить вашу жизнь, и все самое интересное начинается ранним утром!*

СПИСОК АМБИЦИОЗНЫХ ДЕЙСТВИЙ

Прочитав эту книгу, я сделаю следующее:
ДЕЙСТВИЕ _____ ДАТА _____
1. _____ К _____
2. _____ К _____
3. _____ К _____
4. _____ К _____
5. _____ К _____
6. _____ К _____
7. _____ К _____
8. _____ К _____
9. _____ К _____
10. _____ К _____
11. _____ К _____
12. _____ К _____
13. _____ К _____
14. _____ К _____
15. _____ К _____
16. _____ К _____
17. _____ К _____
18. _____ К _____
19. _____ К _____
20. _____ К _____

Список источников и основной литературы

Аллен Д. *Как привести дела в порядок. Искусство продуктивности без стресса.* — М.: МИФ, 2016. 416 с.

Карпентер С. *Системность во всем. Универсальная технология повышения эффективности.* — М.: МИФ, 2015. 272 с.

Кови С. *Семь навыков высокоэффективных людей.* — М.: Альпина Паблишер, 2016. 396 с.

Макгонигал К. *Сила воли.* — М.: МИФ, 2016. 320 с.

МакКеон Г. *Эссенциализм. Путь к простоте.* — М.: МИФ, 2015. 256 с.

Максвелл Д. *Путеводная карта успеха.* — Мн.: Попурри, 2006. 272 с.

Моран Б., Ленингтон М. *12 недель в году.* — М.: МИФ, 2014. 208 с.

Папазан Дж., Келлер Г. *Начни с главного! 1 удивительно простой закон феноменального успеха.* — М.: Эксмо, 2014. 272 с.

Элрод Х. *Магия утра.* — М.: МИФ, 2016. 240 с.

Auden, W. H. "The Life of That-There Poet." *New Yorker*, April 26, 1958.

"Benefits of Inversion." Teeter Hang Ups. http://teeter.com/Benefits-of-Inversion.. Clear, James. "How to Stop Procrastinating on Your Goals by Using the 'Seinfeld Strategy'." http://www.jamesclear.com/stop-procrastinating-seinfeld-strategy.

Davis, Jim. *I'd Like Mornings if They Started Later.* Riverside: Andrews McMeel Publishing, 2013.

Duke University's Fuqua School of Business. "Apple CEO Tim Cook on Career Planning." YouTube video, 2:50. May 30, 2013. http://www.youtube.com/watch?v=a6g8y3EDHkw.

Einstein, Albert. Quoted in interview with John Archibald Wheeler, "From the Big Bang to the Big Crunch." By Mirjana R. Gearhart. *Cosmic Search* 1, no. 4 (Fall 1979).

Emerson, Ralph Waldo. *The Essays of Ralph Waldo Emerson*, edited by Alfred R. Ferguson, Jean Ferguson Carr, and Alfred Kazin. Cambridge: Belknap Press, 1987.

Hardy, Darren. *The Compound Effect*. Vanguard Press, 2011

"Inversion Table Benefits." Best Inversion Table Reviews Guide. http://www.bestinversiontablereviews.com/top-12-inversion-table-benefits.

Johnson, Samuel. "The Vision of Theodore." In vol. 15 of *The Works of Samuel Johnson*, edited by Robert Lynam, 331–40. Troy: Pafraets Press, 1903.

Lockhart, Robert. Absolute Abundance Raw Retreats. http://www.sunfoodhealthretreat.com.

Mann, Merlin. "Inbox Zero." 43 Folders. http://www.43folders.com/izero.

Nightingale, Earl. *Lead the Field*. Wheeling: Nightingale-Conant, 1987. Audiobook, 6 compact discs; 5 hours.

Nisen, Max and Gus Lubin. "29 Successful People Who Wake Up Really Early." *Business Insider*. http://www.businessinsider.com/successful-people-who-wake-up-really-early-2013–12.

Ostrovsky, Larry and Oksana. "12 Health Benefits of Inversions." BeWellBuzz. http://www.bewellbuzz.com/wellness-buzz/inversions.

Proctor, Bob. *The ABCs of Success*. New York: Jeremy P. Tarcher, 2015.

Pressfield, Steven. *Turning Pro*. New York: Black Irish Entertainment, 2012.

Rohn, Jim. *The Treasury of Quotes*. Dalls: Jim Rohn International, 2006.

Skean, Wendy. "Face of the Race: Wendy Skean." By Leadville Race Series. http://www.leadvilleraceseries.com/2015/02/face-of-the-race-wendy-skean.

Sulzer, Jesse. "Brain Benefits of Inversion Tables." LiveStrong.com. http://www.livestrong.com/article/359317-brainbenefits-of-inversion-tables.

Williams, David. "Exercises to Help Drain Your Lymphatic System." http://www.drdavidwilliams.com/lymphatic-system-drainage-exercises.

Willingham, Tim. "Sitting Is Killing You." DailyInfographic. http://www.dailyinfographic.com/sitting-down-is-killing-you-infographic.

Ziglar, Zig. "Official Ziglar Quotes." Ziglar.com. https://www.ziglar.com/quotes/zig-ziglar/people-often-say-motivation-doesnt-last.

Сандерс Джефф

ДОБРОЕ УТРО КАЖДЫЙ ДЕНЬ

Как рано вставать и все успевать

Руководитель проекта *А. Деркач*
Корректор *М. Константинова, Е. Аксёнова*
Компьютерная верстка *М. Поташкин*
Дизайн обложки *С. Хозин*

Подписано в печать 14.02.2017. Формат 60×90/16.
Бумага офсетная № 1. Печать офсетная.
Объем 12 печ. л. Тираж 3000 экз. Заказ № 1368.

ООО «Альпина Паблишер»
123060, Москва, а/я 28
Тел. +7 (495) 980-53-54
www.alpina.ru
e-mail: info@alpina.ru

Отпечатано с готовых файлов заказчика
в АО «Первая Образцовая типография»,
филиал «УЛЬЯНОВСКИЙ ДОМ ПЕЧАТИ»
432980, г. Ульяновск, ул. Гончарова, 14

Знак информационной продукции
(Федеральный закон № 436-ФЗ от 29.12.2010 г.)   0+

«АЛЬПИНА ПАБЛИШЕР» РЕКОМЕНДУЕТ

Книга о потерянном времени
У вас больше возможностей, чем вы думаете

Лора Вандеркам, пер. с англ., 2015, 338 с.

Несомненно, время стало главной навязчивой идеей современной жизни. Кому-то хватает секса. Кому-то хватает денег. Но кажется, никому не хватает часов в сутках.

О чем книга

У каждого из нас 24 часа в сутках, но только некоторым получается добиться многого, а остальные тратят время по пустякам и никогда ничего не успевают.

Эта книга рассказывает, как разные люди проводят 168 часов в неделю, которые есть у каждого из нас. О том, куда на самом деле уходит время и как можно использовать его лучше. О том, как потратить наши часы, сосредоточившись на тех вещах на работе и дома, которые получаются у нас лучше всего, и таким образом вывести работу на новый уровень, одновременно вкладываясь в личную жизнь.

Почему книга достойна прочтения

- После прочтения книги вы перестанете экономить время по крупицам, а начнете заполнять жизнь вещами, которые того действительно заслуживают.
- Вы начнете отдавать свое время вещам, к которым вы неравнодушны, а потому станете более счастливыми и здоровыми.
- Вы узнаете, как пересмотреть распределение времени на работе, чтобы добиться прорыва в карьере, и как поменять приоритеты дома, чтобы сделать личную или профессиональную жизнь полнее.
- Вы поймете, что вопреки устоявшемуся мнению большие карьерные достижения не обязательно должны конфликтовать с личной жизнью.

Кто автор

Лора Вандеркам — журналист-фрилансер, писатель. Автор нескольких бестселлеров. Специализируется на темах денег, личной эффективности и тайм-менеджмента. Воспитывает троих детей и при этом регулярно пишет статьи в ведущие американские издания, выступает на радио и по телевидению, а также руководит хором.

Эту и другие книги вы можете заказать на сайте **www.alpina.ru**
и по телефону **+7 (495) 980-8077**

«АЛЬПИНА ПАБЛИШЕР» РЕКОМЕНДУЕТ

15 секретов управления временем
Как успешные люди успевают всё

Кевин Круз, пер. с англ., 2016, 208 с.

Я сделал шокирующее открытие: успешные личности не составляют списки дел, не используют сложные техники управления временем и не применяют диаграммы наподобие логических деревьев для принятия решений. На самом деле очень успешные личности вообще не думают о времени. Вместо этого они думают о ценностях и приоритетах и опираются на правильные привычки.

О чем книга

Оказывается, действительно успешные люди в своей жизни вовсе не используют приемы, о которых традиционно говорят специалисты по управлению временем. Кевин Круз специально изучил привычки нескольких тысяч профессионалов, но так и не нашел никакой взаимосвязи между обучением тайм-менеджменту и продуктивностью, снижением уровня стресса или ощущением счастья.

Тогда он опросил миллиардеров, предпринимателей, олимпийских чемпионов и сформулировал основные принципы управления временем, которые работают в реальной жизни. Благодаря им вы сможете удвоить вашу продуктивность без переработок и перенапряжения.

Почему книга достойна прочтения

Из этой книги вы узнаете, как:

- сэкономить несколько часов в неделю и потратить их на хобби, отдых или общение с семьей;
- уходить с работы вовремя, не чувствуя вины за невыполненные задачи;
- узнать свои настоящие приоритеты и начать наконец уделять время действительно важным для вас вещам;
- избежать стресса при планировании и выполнении дел.

Кто автор

Кевин Круз — автор бестселлеров, востребованный лектор и основатель нескольких успешных компаний из списка Inc. 500. Консультирует топ-менеджеров крупнейших корпораций и членов конгресса. Когда-то работал круглыми сутками, пытаясь удержать маленькую компанию на плаву, но настоящего успеха ему удалось достичь только благодаря эффективной системе управлением времени.

Эту и другие книги вы можете заказать на сайте www.alpina.ru
и по телефону +7 (495) 980-8077